ANNE DUYARLIĞI VE ÇOCUKLARDA BAĞLANMA

ANNE DAVRANIŞLARI SINIFLANDIRMA SETİ VE BAĞLANMA DAVRANIŞLARI SINIFLANDIRMA SETİ TÜRKÇE UYARLAMA ÇALIŞMASI

Koç Üniversitesi Yayınları - Özel Dizi: 2   PSİKOLOJİ

Anne Duyarlığı ve Çocuklarda Bağlanma
Anne Davranışları Sınıflandırma Seti ve Bağlanma Davranışları Sınıflandırma Seti Türkçe
Uyarlama Çalışması
Nebi Sümer, Melike Sayıl, Sibel Kazak Berument

Yayına hazırlayan: Aslı Güneş
İç tasarım: Kamuran Ok
Kapak tasarım: Gökçen Ergüven

© Koç Üniversitesi Yayınları, 2016
1. Baskı: İstanbul, Eylül 2016

Baskı: 12.matbaa   Sertifika no: 33094
Nato Caddesi 14/1 Seyrantepe Kâğıthane/İstanbul   +90 212 281 2580

Koç Üniversitesi Yayınları Sertifika no: 18318
İstiklal Caddesi No:181 Merkez Han Beyoğlu/İstanbul +90 212 393 6000
kup@ku.edu.tr • www.kocuniversitypress.com • www.kocuniversitesiyayinlari.com

Koç University Suna Kıraç Library Cataloging-in-Publication Data
Sümer, Nebi
Anne duyarlığı ve çocuklarda bağlanma : Anne davranışları sınıflandırma seti ve bağlanma
davranışları sınıflandırma seti, Türkçe uyarlama çalışması / Nebi Sümer, Melike Sayıl, Sibel Kazak
Berument ; yayına hazırlayan Aslı Güneş.-- İstanbul : Koç Üniversitesi, 2016.
   pages ; 13,5x20 cm.-- Koç Üniversitesi Yayınları Özel Dizi ; 2. Psikoloji.
   Includes bibliographical references and index.
   ISBN 978-605-9389-09-9
   1. Parent and child. 2. Parent and child--Turkey. 3. Parent--child interaction. 4. Child
psychology. 5. Child development. 6. Parenting—Turkey. I.Sayıl, Melike. II. Berument, Sibel
Kazak. III. Güneş, Aslı. IV. Title.
   BF723.P25 S86 2016

Anne Duyarlığı ve Çocuklarda Bağlanma
Anne Davranışları Sınıflandırma Seti ve Bağlanma Davranışları Sınıflandırma Seti Türkçe Uyarlama Çalışması

NEBİ SÜMER, MELİKE SAYIL, SİBEL KAZAK BERUMENT

KOÇ
ÜNİVERSİTESİ

Bu kitap bizi şefkatle büyüten sevgili annelerimiz,
Gülşen Sümer, Semin Bezci ve Seniha Kazak'a
ithaf edilmiştir.

Bu çalışma TÜBİTAK tarafından desteklenen, yürütücülüğünü Prof. Dr. Nebi Sümer'in yaptığı "Çocuğun Gelişiminde Bağlanma, İlgi-Bakım ve Aile Dinamiklerinin Etkisi" başlıklı, TÜBİTAK-SOBAG 105K102 nolu projeden üretilmiştir.

İçindekiler

Teşekkür	9
Önsöz	11
Giriş	13
Bağlanma Kuramının Temel İlkeleri	14
Bağlanma Türleri	17
Bağlanma ve Anne Duyarlığı	21
Çocuğun Mizacı ve Bağlanma	24
İlgili Alanyazın ve Meta Analiz Çalışmaları	26
ADSS ve BDSS Ölçümlerinin Önemi	30
Uyarlama Çalışması	
Yöntem	35
Geçerlik için Kullanılan Ölçekler	39
İşlem	41
Bulgular	44
Temel Değişkenler Arasındaki İlişkiler	60
Tartışma	63
ADSS ve BDSS Kullanıcıları İçin Öneriler	
BDSS'de Sıklıkla Ortada (Küme 5'te) Yer Alan Maddeler	70
ADSS'de Sıklıkla Ortada (Küme 5'te) Yer Alan Maddeler	72
Kültürel Nedenlerle Az Gözlendiği Düşünülen Maddeler	73
Kodlama Programı	
Bilgisayar Programı Kullanarak Sınıflandırma	75
Kaynaklar	87

EK I   97
Bağlanma Davranışları Sınıflandırma Seti (BDSS)Yönergesi,
Maddeleri ve Açıklamaları

Everett Waters (1987). Attachment Q-set (Version 3).
www.john-bowlby.com kaynağından alınmıştır (Ocak 2004).

EK II   147
Anne Davranışları Sınıflandırma Seti (ADSS) Yönergesi,
Maddeleri ve Açıklamaları (Maternal Behaviour
Q-sort Manual Version 3.1)
David R. Pederson, Greg Moran ve Sandi Bento

EK III   167
Önerilen Okuma Listesi

Dizin   171

Teşekkür

Bu el kitabının hazırlanmasında biz yazarların olduğu kadar öncesinde bu araştırma projesinde yer alan tüm bursiyerlerin de çok büyük emeği var. Bu kapsamlı projenin yürütülmesinde önemli ölçüde pay sahibi olan, BDSS ve ADSS gözlemlerinin gerçekleşmesini sağlayan Emre Selçuk, Gül Günaydın, Mehmet Harma, Burak Doğruyol, Selin Salman ve Ahu Öztürk'e titiz çalışmaları için çok teşekkür ediyoruz. Eğer bizi evine kabul eden, küçük çocuklarıyla birlikte gözlemlerimize katılan ve sorularımızı yanıtlayan sevgili anneler olmasaydı kuşkusuz bu çalışma gerçekleşemezdi. Ailelerimize de sonsuz teşekkürler. Ayrıca bu araştırma kapsamında Türkçeye uyarladığımız her iki sınıflandırma setinin maddelerinin Türkçeden İngilizceye geri çevirilerini gerçekleştiren Şenel Hüsnü'ye, gözlem sonunda verilerin kaydedilmesi ve sınıflanmasında büyük kolaylık sağlayan bilgisayar programını geliştiren Ahmet Birdal'a da önemli bir teşekkür borçluyuz.

Önsöz

Bağlanma kuramı özellikle erken dönemde ebeveyn-çocuk ilişkisinin duygusal gelişim üzerindeki etkisini anlamak amacıyla geliştirilmiştir; bu nedenle çalışmalar genellikle anne ve çocuk özelliklerini ölçmeye odaklanmıştır. Ancak, Türkiye'de erişkin dönemlerinde bağlanmaya yönelik çok sayıda araştırma yapılmasına karşın, kuramın özünü oluşturan erken dönem ihmal edilmiştir. Bu açığı gidermek amacıyla TÜBİTAK desteği ile üç yıl süren bir çalışmayla erken dönemde anne duyarlığını ve çocuklarda bağlanma düzeyini kart sınıflama yoluyla ölçen iki temel ölçme aracı, Türkçeye uyarlanmış ve kapsamlı olarak incelenmiştir: Anne duyarlığı için, Pederson ve Moran (1995a ve 1995b) tarafından geliştirilen *Anne Davranışları Sınıflandırma Seti (ADSS)*, çocukların bağlanma düzeyi için ise Waters (1987, 1995) tarafından geliştirilen *Bağlanma Davranışları Sınıflandırma Seti (BDSS)*. Bu ölçme araçlarının kullanıldığı kapsamlı bir araştırmada ölçekler kültürümüze uyarlanmış, güvenirlik ve geçerlik çalışmaları yapılmış, konu kapsamlı olarak incelenmiştir.

Bu ölçme araçlarını kimler kullanabilir? Her iki kart sınıflama yöntemi de hem içerdiği teknik hem de kapsam olarak ön bir donanım gerektirmektedir. Dolayısıyla bu araçlar, bağlanma konusunda en azından temel düzeyde bilgi sahibi olan araştırmacılar/uygulamacılar tarafından kart sınıflama tekniğine aşinalık kazandıktan sonra kullanılmalıdır. Ölçme araçlarını kullanacak araştırmacı ya da uygulamacılar öncelikle bu el kitabında anılan ve önerilen kaynakları okumalıdırlar.

Elinizdeki kitap ADSS ve BDSS ile ilgili uyarlama, araştırma ve uygulama bilgilerini içermektedir. Ayrıca, bağlanma ve anne duyarlığına ilişkin yazını özetlemekte ve uygulamacıların dikkat etmesi gereken hususları kapsamaktadır. Erken dönem çocuklarla ilgili çalışmalar yapan araştırmacılar ve uygulamacılar için yararlı bir kaynak olan bu kitabı, Türkiye'de bağlanma ve ebeveyn davranışları alanındaki araştırmalara katkıda bulunması dileğiyle ilgilerinize sunarız.

Nebi Sümer, Melike Sayıl, Sibel Kazak Berument

Giriş

Bağlanma kuramının kurucusu John Bowlby (1907 –1990), yaklaşık 60 yıl önce Dünya Sağlık Örgütü ruh sağlığı komisyonunun ilk raporunda şunları vurgulamıştır: "Bebeklerin ve küçük çocukların ruh sağlığı için en elzem olan şey anneyle (ya da onun yerine geçen ve ona sürekli yakın bakım veren kişiyle) her ikisinin de doyum ve keyif aldığı sıcak, yakın ve sürekli bir ilişki içinde olmasıdır." Kamu kurumları için de şu tespitte bulunmuştur: "Bebeklikte ve çocuklukta anne ile çocuk arasındaki sevginin ruh sağlığı için bedensel sağlıktaki vitamin ve protein kadar önemli olduğu konusunda hükümetlerde, sosyal kurumlarda ve kamuda bir inanç eksikliği söz konusudur." (*Maternal care and mental health*, WHO Monograph Series No 2, 1951: 158). Bağlanma kuramı kapsamında son kırk yılda yapılan araştırmalar, kuramı geliştirmeden önce yapılan bu öngörülerin büyük oranda doğru olduğunu ve erken dönemde anne duyarlığının, çocuğun güvenli bağlanma duygusu içinde sağlıklı gelişimi için en temel önkoşul olduğunu göstermiştir.

John Bowlby'nin bağlanma kuramı, çocukla onu büyüten kişi arasındaki karşılıklı duygusal bağın dinamiğini daha önce pek bilinmeyen bir yaklaşımla açıklaması nedeniyle, Inge Bretherton'un (1992) deyimiyle, psikoloji yazınında bir devrim etkisi yaratmıştır. Bowlby, kuramının temel çerçevesini çizdiği üçlüsünün 1969 yılında yayımlanan ilk cildinde, çocuklardaki güvenli bağlanmanın ön koşulunun annenin çocuğun isteklerine karşı gösterdiği duyarlık düzeyi olduğunu öne sürmüştür. Böylece, anne-çocuk arasındaki ilişkinin kalitesi, güvenli bağlanmayı belirleyen temel etken olarak kabul edilmiştir. Ancak bu görüşlerin sınaması ve alanda yaygın olarak kabul görmesi Mary Ainsworth'ün (1913-1999) hem anne duyarlığını hem de çocuklardaki bağlanma farklılıklarını yaratıcı yöntemlerle ölçmesiyle başlamıştır. Bu alanda en çok atıfta bulunulan ilk çalışmalarında Ainsworth ve arkadaşları (Ainsworth, Blehar, Waters ve Wall, 1978) ev ortamında annenin çok sayıda davranışını gözlemlemişler, bu davranışların yine kendi geliştirdikleri Yabancı Ortam Yöntemi ile ölçülen çocuğun bağlanma stilleri ile nasıl bir ilişkide olduğunu incelemişlerdir. Çalışmanın bulguları, Bowlby'nin temel önermesiyle tutarlı olarak çocuğun güvenli bağlanmasıyla ilişkili en kritik anne davranışının, çocuğun istek ve beklentilerine verilen duyarlı tepkiler olduğunu göstermiştir. Bu ilk bulgudan sonra 1970'li ve 80'li yıllarda bağlanma araştırmaları ağırlıklı olarak anne duyarlığı ile çocuk bağlanması arasındaki ilişkinin dinamiğini incelemeye odaklanmıştır (bkz. Belsky ve Fearon, 2008; De Wolff ve van IJzendoorn, 1997; Solomon ve George, 2008). Anne duyarlığı ve güvenli bağlanma arasındaki ilişkilerin ayrıntısına girmeden önce bağlanma kuramının temel ilkelerini kısaca hatırlayalım.

Bağlanma Kuramının Temel İlkeleri

Tıp ve psikiyatri eğitimi alarak meslek ve araştırma hayatına başlayan John Bowlby, İkinci Dünya Savaşı sonrası 1940'ların İngilteresi'nde İngiliz Psikanaliz Kurumu'nun aktif bir üyesi olarak başlangıçta psikodinamik yaklaşımdan, özellikle de Melanie Klein'dan çok etkilenmiştir. Ancak, 1960'larda somutlaştırmaya başladığı bağlanma kuramını (Bowlby, 1969, 1973, 1982) daha çok başta biyoloji (özellikle evrim kuramı), etoloji ve psikoloji (özellikle gelişim psikolojisi ve bilişsel psikoloji) olmak üzere sosyal ve fen bilimlerinin pek çok bulgu ve önermesi ışığında eklektik bir yaklaşımla şekillendirmiştir. (Bağlanma kuramı ve öncüllerinin tarihi için bkz. Bretherton, 1992; Cassidy, 2008).

Bowlby, ilk olarak erken yaşta annesinden ayrılan bebeklerin neden aşırı stres işaretleri verdiğini anlamaya çalışmıştır. Bowlby küçük yaştaki bebeklerin, anneden ayrılmamak, ayrılmışsa bir an önce yeniden kavuşmak ve onun yakınında kalabilmek için uzun süre ısrarla ağlayarak ona ulaşmaya ve/veya onun yakınlığını garantilemeye çabaladığını gözlemler. Bu doğal davranış, klasik psikanalitik yaklaşımda duygu yönetiminde olgunlaşmamış savunma mekanizması olarak tanımlanmaktadır. Bowlby, o yıllarda yaygın olarak çalışılan etoloji ve evrimsel biyolojideki yaklaşımlardan hareketle erken yaşta anneye yakın kalmanın sadece insan yavrusuna değil, başta diğer primatlar olmak üzere çok sayıda canlıya özgü bir davranış olması sebebiyle, yakınlığın hayatta kalma şansını artıran evrimsel bir işlevi olduğuna karar verir. Böylece bağlanma davranışsal sisteminin ilk işareti olarak çocuklardaki ağlama, yapışma ve aktif arama (bağlanma) davranışlarının, kendisine bakım ve koruma sağlayan birincil bağlanma figüründen ayrılmaya karşı işlevsel bir tepki olduğunu belirtir. Ancak, insan yavrusu doğadaki diğer canlılar gibi erken yaşta kendini besleme, koruma ve erken motor faaliyetlere başlama becerisine sahip olmadığından, hayatta kalmak için yetişkinlerin uzun süreli bakımına muhtaçtır. Bu zorunluluk nedeniyle, yenidoğanın onu büyüten yetişkinlerin davranışlarını anlama ve tahmin etmesi kritik önemdedir. Bu nedenle bakıcının başta duyarlığı ve sıcaklığı olmak üzere çocuğa ilişkin bütün davranışları, bağlanma davranışsal sisteminin dinamiği için yönlendirici ve gelişimi biçimlendirici unsurlardır.

Bowlby, evrimsel süreç içinde yenidoğanların yetişkinlere yakın olma çabasını, bağlanma davranışsal sisteminin ilk adımı ve hayatta kalma ve üreme kapasitesine ulaşma bakımından da güdüsel bir davranış olarak ele almış ve bunun doğal evrimsel seçimle oluştuğunu vurgulamıştır. Etoloji yaklaşımından esinlenen bağlanma davranışsal sistemi insan gelişiminde temel bir süreç olarak ele alınmış ve sonraki yıllarda devam eden kişilik gelişimi ve duygu düzenlemenin esas olarak bu sistemin evrilmesiyle şekillendiği ileri sürülmüştür.

Bowlby'ye göre, çocuğun bağlanma sistemi sembolik olarak sürekli şu soruyu sorar: "Bağlanma kişisi yeterince yakında mı, ulaşılabilir mi ve dikkati benim üzerimde mi?" Bu sorulara karşılık olarak algılanan cevap *evet* ise kendini güvende hissederek, sevildiği, korunduğu ve değer verildiği duygusuyla normal davranışlarına (oynama, avunma, etrafı keşif, vb.) devam eder. Şayet cevap *hayır* ise, davranışsal sistem diğer işlevsel alternatifleri yaratmak zorundadır. Bu durumda bağlanma ile aktif keşif arasındaki sağlıklı denge bozulur. Şayet bağlanma kişisi yeniden güvence vererek sağlıklı avutma davranışı gösteremezse bebek hissettiği ayrılma kaygısı ve korku nedeniyle, dikkatini keşiften alarak bağlanma kişisine yoğunlaştırır. Anneyi görsel alanda aktif olarak izlemekle başlayan bağlanma davranışları kaygının artmasıyla birlikte ağlama ve yapışma davranışlarına, hatta bağlanma kişisine saplantılı şekilde yakın olma çabasına doğru değişebilir. Bağlanma kişisinin davranışları uzun süreli ayrılığa dönüşürse veya soğuk yakınlık ya da kalıcı reddetme davranışı olarak algılanırsa çocuk erken yaşta aşırı savunmaya geçerek bağlanma kişisinden kopma veya mesafeli yaşamayı öğrenme gibi "kaçınma" davranışları geliştirir. Bowlby, uzun süren ayrılık ve kayıplarda çocuğun gösterdiği yas tepkisinin ağır depresyon ve çöküntü olarak yaşandığını ve çocuğun kişiliğinde kalıcı yaralar açabileceğini belirtmiştir. Son yıllarda özellikle kimsesizler yurtlarında yetişen çocuklar üzerinde yapılan bağlanma araştırmaları Bowlby'nin öngörülerinin ne kadar isabetli olduğuna ilişkin kanıtlar sunmuştur (bkz. van den Dries, Juffer, IJzendoorn ve Bakermans-Kranenburg, 2009).

Bağlanma davranışsal sistemi, onu tamamlayan ve onunla uyumlu çalıştığında optimal gelişmeye izin veren yakın bakım (caregiving) sistemini tetikler. Çocuğa bakım sunanların, yani bağlanma kişisinin özelliklerine ve yakın bakımdaki ana baba davranışlarına karşılık gelen yakın bakım sistemi, çocuğun yakınlık kurmasını ve rahatlamasını kolaylaştıran bakım davranışı olarak tanımlanabilir (Cassidy, 2008). Bowlby (1969) "bağlanma-bakım bağı" olarak tanımladığı yakın bakım sistemini bağlanmanın ebeveyn tarafını açıklamak için kullanmıştır. Bu, bağlanma kişisinin, çoğu durumda annenin, bağlanma davranışlarına karşılık gelir ve avutma, sakinleştirme, destek sağlama vb. ihtiyaçlara zamanında karşılık verme ve çocuğun özerk gelişimi için gerekli olan güvence ve desteği sağlama olarak tanımlanabilir (bkz. Sümer, 2012a, Uluç, 2012). Yakın bakım içinde bağlanma kişisi, özellikle çocuk korktuğunda, hastalandığında ya da herhangi bir nedenle stres altındayken kaliteli bakım ve destek vererek "güvenli sığınak" işlevini yerine getirir. Aynı zamanda bununla senkronize bir ilişki içinde, çocuğun doğuştan getirdiği merak duygusuyla çevresini ve kendisini aktif olarak keşfederek yetkin ve özerk bir birey olabilmesi için gerekli olan "güvenli üs" işlevi görmesi de yakın bakımın bir özelliğidir. Özetle, Bowlby'ye göre, yakınlık, ayrılığa direnme, güvenli sığınak ve güvenli üs bağlanmanın dört temel işlevidir. Bu işlevlerin etkin olarak yerine getirilmesi ise bağlanma kişisinin, çoğunlukla annenin ne oranda duyarlı olduğu ile ilintilidir.

Bowlby (1973), temeli, erken yıllarda bağlanma davranışsal ve yakın bakım sistemlerinin özellikleri tarafından şekillenen duygu, düşünce ve davranış örüntülerinin "beşikten mezara" kadar sürdüğünü ve gelişim süreci içinde diğer ilişkilere de genellendiğini öne sürmüştür. Bowlby'ye göre erken dönem deneyimleri, "bağlanma içsel çalışan modelleri" ya da kısaca "zihinsel modeller" denilen şemalar aracılığıyla zamanla bilişsel olarak kristalize olurlar ve ileri yıllara taşınırlar. Çocukların erken yıllardaki ebeveynleri ya da bakım veren kişiler duyarlı ve destekleyici ise çocuklar, sevilmeye ve bakım verilmeye değer bir benlik algısı ve bu algı temelinde olumlu bir bağlanma benlik modeli geliştirirler. Aynı zamanda da başkalarını destekleyici, ulaşılabilir ve iyi niyetli kişiler olarak görerek olumlu başkaları modeli geliştirirler. Güvensiz bağlananlar ise hem kendilerine hem de başkalarına ilişkin olarak olumsuz benlik ve başkaları modelleri geliştirerek yakın ilişkilerdeki davranışlarını ve beklentilerini karamsarlık ve olumsuzluk üzerine inşa etme eğilimine girerler.

Bağlanma Türleri

Bowlby, kuramında ağırlıklı olarak bağlanma ilişkisindeki normatif süreçleri ele almasına karşın, çocuklardaki bağlanma örüntüsünün, bağlanma kişisiyle olan ilişkinin kalitesi temelinde bazı bireysel farklılıklar gösterebileceğini de belirtmiştir. Ancak bu konudaki sistematik bilgi ve ilk araştırmalar, yukarıda da belirtildiği gibi Mary Ainsworth ve arkadaşlarının (1978), "Yabancı Ortam Yöntemi" (YOY) olarak bilinen deneysel gözlem yöntemiyle kazandırılmıştır. Bu yöntemde, 12-18 aylık çocuklar bağlanma sistemini tetiklemek amacıyla düşük oranda strese maruz bırakılarak sistemli olarak kısa aralıklarla önce annelerinden ayrılır, sonra bir yabancı ile yalnız bırakılır ve son olarak tekrar anneleri ile bir araya getirilir. Ainsworth ve arkadaşları, çocukların ayrılma, yeniden birleşme ve yabancıyla yalnız kalma durumlarındaki tepkilerini dikkate alarak geliştirdikleri kodlama yöntemiyle, çocukları, güvenli, kaygılı/kararsız (ya da kaygılı/dirençli) ve kaçınan olarak adlandırdıkları üç tipik bağlanma stili içinde sınıflandırmışlardır.

Güvenli bağlanma stili içinde sınıflandırılan çocuklar, anneleri tarafından yalnız bırakıldıklarında doğal olarak huzursuz olmakta ancak aşırı endişe ya da panik yaşamadan anneleri ile yakınlık ve temas aramakta, yeniden birleşmeden sonra da kolayca sakinleşmekte ve çevreyi keşfetmeye ve diğer doğal faaliyetlerine devam etmektedirler. *Kaygılı/ kararsız bağlanma stili* içinde sınıflandırılan çocuklar annelerinden ayrıldıklarında yoğun bir kaygı, gerilim ve kızgınlık yaşamakta, odaya gelen yabancı ile iletişimi ve onun avutma girişimlerini reddetmekte, anneyle yeniden birleşmeden sonra bile sakinleşmesi çok uzun sürmekte ve keşif davranışlarını tamamen sonlandırarak annelerine sıkıca yapışıp kalmak istemektedirler. *Kaçınan bağlanma stili*'nde gruplanan çocuklar ise ayrılma anından çok fazla etkilenmiş görünmemekte, yeniden birleşmeden sonra da anneleri ile aktif temas kurmaktan kaçınmakta ve dikkatlerini daha çok oyuncaklara (ya da keşif faaliyetlerine) verir görünmektedirler. Yapılan çalışmalar, özellikle güvensiz bağlanma stillerinde bazı farklılıklar olsa da genel olarak dünyadaki çocukların yaklaşık %60-65'i güvenli bağlanma, %15-20'si kaygılı/kararsız bağlanma ve %20-25'i de kaçınan bağlanma stili içinde sınıflandırılmıştır (bkz. van IJzendoorn ve Sagi-Schwartz, 2008).

Yapılan araştırmalar çocuklarda gözlenen bu üç temel bağlanma örüntüsünün doğrudan başta anne olmak üzere ilk aylarda bakım verenlerin tepki ve duyarlığıyla yakından ilişkili olduğunu göstermiştir. Main ve Solomon'a (1990) göre, bağlanma kişisinin çocuğun stres belirtilerine, beklentilerine ya da ihtiyaçlarına tutarlı olarak yerinde ve zamanında karşılık vermesi güvenli bağlanmayla; tutarlı olarak tepkisiz kalması, mesafeli davranması ya da cevap vermemesi kaçınan bağlanmayla ve tutarsız olarak davranması ya da aşırı müdahaleci şekilde cevap vermesi de kaygılı/kararsız bağlanmayla ilişkilidir. Bu görüşleri sınamak amacıyla, bu alandaki ilk çalışmalar, öncelikle anne duyarlığı, tutarlılığı ve yetkinliği ile güvenli bağlanma arasındaki ilişkileri incelemiştir. Araştırmalar annelerin ve çocukların bağlanma örüntüleri arasında yüksek oranda tutarlık olduğunu göstermiştir. Güvenli bağlanan çocukların annelerinin daha sıcak ve duyarlı oldukları, çocukları ile uyumlu etkileşimde bulundukları gözlenmiştir. Kaçınan bağlanma gösteren çocukların annelerinin özellikle çocuklarıyla yakın fiziksel temastan kaçındıkları ve çocuklarına karşı genel olarak soğuk oldukları gözlenmiştir. Kaygılı/kararsız çocukların annelerinin ise çocukları ile yeterince uyumlu (senkronize) olamadıkları, daha çok tutarsız, şaşkın, kaygılı ve aşırı müdahaleci davrandıkları gözlenmiştir (bkz. De Wolff ve van IJzendoorn, 1997; Main, Kaplan ve Cassidy, 1985; Solomon ve George, 2008; van IJzendoorn, 1995).

Bowlby ve Ainsworth'ün başlattığı geleneği devam ettiren araştırmacılar, erken dönemdeki bağlanma ilişkisinin başta romantik ilişkiler olmak üzere bütün yakın ilişkilerdeki duygu, düşünce ve davranışlarda gözlendiğini ortaya koymuştur. Bu çalışmalar, yukarıda anlatılan bağlanma zihinsel modellerine karşılık gelen yakın ilişkilerde hissedilen bağlanma kökenli kaygının (benlik modeli) ve yakın ilişkilerden kaçınma (başkaları modeli) eğiliminin, güvenli bağlanma düzeyini temsil eden iki temel bağlanma boyutu olduğunu göstermiştir (bkz. Bartholomew ve Horowitz, 1991; Brennan, Clark ve Shaver, 1998; Mikulincer ve Shaver 2007; Sümer, 2006). *Bağlanma kaygısı boyutu*, erken dönemde anne tutarsızlığının bir yansıması olduğuna inanılan, yakın ilişkilerde hissedilen ayrılma, reddedilme ve terk edilme korkusunu tanımlar. *Kaçınma boyutu* ise başlangıçta bakım vermede mesafeli, gönülsüz ve soğuk olan bağlanma kişisini daha da uzaklaştırmamak için geliştirilmiş olan bir duygu ve davranış düzenleme yöntemi olarak kabul edilmektedir. Kaçınma davranışı zamanla başkalarına yakınlıktan, bağımlı olmaktan ya da başkalarının yakın olmasından hissedilen rahatsızlık olarak şekillenmektedir. Bu iki temel bağlanma boyutunun kategorik olarak çaprazlanmasından dört adet bağlanma örüntüsü ortaya çıkmaktadır. Düşük düzeylerde kaygı ve kaçınma gösteren kişiler güvenli bağlanma örüntüsü gösterirken, yüksek düzeyde kaygı ve kaçınma gösterenler korkulu bağlanma örüntüsü gösterirler. Yüksek düzeyde kaygı ancak düşük düzeyde kaçınma davranışı gösterenler, kaygılı/kararsız (veya saplantılı) olarak tanımlanırken, bunun tersi, yani düşük düzeyde kaygı fakat yüksek düzeyde kaçınma gösterenler kaçınan (veya kayıtsız) bağlanma olarak tanımlanırlar (bkz. Mikulincer ve Shaver, 2007; Sümer, 2006; 2012a).

Bowlby'nin öngörüleri ile tutarlı olarak bağlanmada kaygı ve kaçınma davranışlarının erken dönemlerde duyarsız ya da tutarsız bakım davranışlarıyla ilişkili olduğu bulunmuştur. Araştırmalar, bağlanma kişisinin, özellikle çocuğun hastalandığı, yalnız kaldığı ya da bir şekilde kendini kötü hissettiği stresli durumlarda ilgi ve destek vermesinin önemini göstermiştir. Bağlanma kişisinin, çocuğun stres altında gönderdiği yardım çağrılarına tutarsız, yetersiz ya da dengesiz karşılık vermesi, aşırı gergin olması ya da orantısız bir şekilde müdahaleci davranması bağlanma kaygısını tetikleyen en önemli unsurlardır. Kronik bağlanma kaygısı geliştiren kişiler strese karşı aşırı duyarlıdırlar. Bu nedenle zamanla olası stres kaynaklarına karşı aşırı düzeyde seçici dikkat gösteren ve bir anlamda sürekli tehlike bekleyen tetikte bir algı sistemi geliştirirler. Kaygılı kişilerin stres kaynaklarına ve ilişkilere aşırı dikkat harcama yatkınlığı duygu ve davranış düzenlemede yüksek aktivasyon (*hyperactivating*) stratejisi olarak isimlendirilmiştir. Bu stratejiyi kullanan kişiler bir kısırdöngü içerisinde, başta bağlanma kişileri olmak üzere yakın ilişki içinde oldukları kişilerin davranışlarına, yakınlık düzeylerine karşı aşırı dikkat harcarlar ve sürekli "güvence" peşinde koşarlar. Kısaca, bağlanma kaygısının sonucu olan yüksek aktivasyon stratejisi, doğal olarak ilişkilere ve başkalarına "yapışma", sürekli yakınlık ve onay arama gibi davranışlarla kendini gösterir. Araştırmalar, bağlanma kaygısının başta depresyon olmak üzere birçok içselleştirme sorun davranışıyla da ilişkili olduğunu göstermiştir.

Bağlanmada kaçınma boyutu, bağlanma kişisinin çocuğun ihtiyaçlarına ve yardım çağrılarına soğuk, mesafeli ve bazen kızgın davranarak karşılık vermesi ile ilişkilidir. Bu tür davranışlara sürekli maruz kalan çocuklar, zamanla duygularını aşırı bastırmayı ve kendilerini ifade etmekten kaçınmayı öğrenirler. Duygularını bastırmayı alışkanlık haline getiren çocuklar bunun sonucunda hem duygularını kontrol etmeyi zorlaştıracak aşırı yakınlaşmalardan hem de sosyal destek istemekten ve vermekten kaçınmaya başlarlar. Böylece hem başkalarına yakınlaşmaktan hem de başkalarının yakınlaşmasından kaçınmaya çalışırlar. Bu tür davranış ve duygu düzenleme örüntüsü aslında olası tehdit ya da stres durumunda duyguların ortaya çıkmasına yani aktivasyonu engellemeye (*deactivating*) yönelik bir stratejiye dayanır. Bağlanma aktivasyonunu engellemeye yönelik davranışlar, beraberinde başkalarının yakınlık, yardım ve destek ihtiyaçlarına duyarsızlık geliştirme gibi soğuk davranışlara dönüşerek zamanla katılaşır. Araştırmalar, kaçınmanın altında yatan bağlanma aktivasyonunu engelleme stratejilerinin yakın ilişkilerde öfke ve saldırganlık gibi "dışsallaştırma" davranışlarıyla ilişkili olduğunu göstermektedir (bkz. Mikulincer ve Shaver 2007; Sümer, 2006, Sümer, 2012a).

Mikulincer ve Shaver'e göre (2007), kaygılı bağlanma ve onun dayandığı yüksek aktivasyon stratejisine yol açan dört temel neden vardır. Bunlar, çocuğun (1) erken yıllarda tutarsız bakım sonucu güvenilmez ve öngörülemez bir bakım deneyimi yaşaması; (2) özerk olarak sorunlarıyla baş etme girişimlerinin cezalandırılması veya kendini düzenleme becerilerini kazanmasını engelleyen müdahaleci bir bakım deneyimi yaşaması; (3) açık ya da örtük olarak yetersiz ve zayıf olduğuna yönelik mesajlar alması ve (4) bağlanma kişisinden ayrı kaldığında yaşadığı travmalar veya olası bir istismara maruz kalması. Bağlanma aktivasyonunu engelleme stratejisini şekillendiren erken dönem faktörler ise şöyle sıralanmıştır: (1) Bağlanma kişisinin tutarlı olarak ilgisiz ve reddeden bir tutum takınması; (2) çocuğun yakınlık arayışlarının cezalandırması; (3) bağlanma kişisinin saldırgan ve istismara varan davranışları ve (4) açık ya da örtük olarak çocuğun duygularını ifade etmesinin engellenmesi, bastırmasının teşvik edilmesi ve böylece zamanından önce kendi ayakları üzerinde durmaya (yani kendine aşırı güvenmeye) zorlanması.

Bağlanma ve Anne Duyarlığı

Yukarıda tanımlanan bağlanma türlerine ilişkin bütün özellikler temelde bağlanma kişisinin bakım verme kalitesi temelinde tanımlanmıştır. Bu nedenle Ainsworth, 1969 yılında Baltimore'da yürüttüğü ilk araştırmasında Bowlby'nin "güvenli üs" tanımını anne duyarlığı olarak kavramsallaştırmış ve doğal ortamda anne duyarlığını ölçen bir gözlem aracı geliştirmiştir. Ainsworth anne duyarlığını, çocuğun duygusal işaretlerini algılama, doğru yorumlama ve bu işaretlere zamanında ve uygun cevap verme kapasitesi olarak tanımlamıştır. Daha sonra 1978 yılında yayınlanan kapsamlı monografta bu ölçme aracının geçerliği gösterilmiştir. Bu alanda yapılan araştırmaların çoğunda Ainsworth'ün tanımına uygun ölçümler yapılmış veya aşağıda anlatılan gözlem aracı kullanılmıştır.

Ainsworth ve arkadaşları (1978) doğal ortamında birkaç saat süren anne-çocuk çifti gözlemlerine dayanarak anne duyarlığını ikili kutuplar halinde 9 dereceli cetvel üzerinde dört boyutta ölçmüşlerdir. Birinci boyut *duyarlı–duyarsız anne davranışı* boyutudur. Bu boyut annenin bebeğinin örtük mesajlarını ve verdiği sinyalleri algılaması ve doğru yorumlaması, buna dayanarak zamanında ve uygun tepki vermesi olarak tanımlanmaktadır. Duyarlık özellikle erken dönemlerde daha kritiktir ve dört alt davranışsal unsuru içerir. Öncelikle (1) annenin bebeğin verdiği sinyallerin farkında olması ve bunun için hazır ve ulaşılabilir durumda bulunabilmesidir. Bu, gerekli fakat yeterli olmayan bir koşuldur. (2) Annenin bebeğin verdiği sinyalleri doğru yorumlama kapasitesi de duyarlıkta önemlidir. Bunun için annenin empati becerisine sahip olması, çocuğun gözünden bakabilmesi, kendi inanç ve beklentilerinden bağımsız olarak onun verdiği işaretleri çarpıtmadan yorumlaması gerekir. Doğru yorumlamasının yanı sıra (3) annenin bebeğin gönderdiği işaretlere, özellikle stres belirtilerine zamanında cevap vermesi, yani dakik olması gerekir. Son olarak, (4) doğru yorumlanan sinyallere en uygun tepkiyi vermesi gerekir. Bunun için de annenin kendi durumu ile bebeğin istekleri ve ihtiyaçları arasında esnek bir denge kuracak kapasitede olması önem taşımaktadır. İkinci boyut, *kabule karşı reddetme* boyutudur. Bu boyut annenin bebekten kaynaklanan olası olumsuz duygularını ve bununla ilgili yaşadığı çatışmaları çözme becerisini yansıtmaktadır. Genel olarak, annenin ne kadar kabul edici ya da olumsuz beklentileri nedeniyle reddedici bir yaklaşım içinde olduğu ve nasıl bir atmosferde bakım verdiği anne duyarlığının bir göstergesi olarak kabul edilmektedir. Üçüncü boyut *işbirliğine karşı müdahale* boyutudur. Duyarlı bir annenin bebeğin bireysel özelliklerine ve isteklerine saygı göstererek bakım davranışlarını düzenleyebilmesi ve tepkilerini çocuğun içinde bulunduğu duruma ve yürüttüğü faaliyetlere uygun olarak, senkronize bir şekilde biçimlendirebilmesi beklenir. Annenin çocuğun faaliyetlerini ve keşif girişimlerini kesmesi, baskın şekilde davranması ve aşırı kontrol edici olması müdahale olarak tanımlanmaktadır. Son olarak, *ulaşılabilirliğe karşı ihmalkârlık* boyutu, annenin fiziksel ve psikolojik olarak daima ulaşılabilir durumda bulunması veya çocuğun işaretlerini göz ardı ederek ihmalkâr davranması olarak tanımlanmaktadır. Annenin çocuğu anlamak yerine daha çok kendi duyguları ile takıntılı olması ihmal göstergelerinden biridir. Ainsworth ve arkadaşları (1978) yaptıkları çalışmalarda bu dört boyut arasında .80'ler düzeyinde yüksek bir korelasyon gözlemiştir. Bu bulgu anne duyarlığı alt boyutlarının birbirleriyle yakından ilişkili olduğunu ve alt boyutları ayrı ayrı gözlemenin görece zor olduğunu göstermektedir (bkz. Sümer, 2012a).

Annenin duyarlığı ile bebeklerdeki bağlanma arasındaki ilişkileri inceleyen çok sayıda araştırmada, anne duyarlığının tutarlı olarak güvenli bağlanmayı yordadığı bulunmuştur. Thompson'a (2006) göre annenin (ya da bakım verenin) duyarlığı, bebekteki duygusal güven üzerinde iki nedenden dolayı etkili olmaktadır: Birincisi, duyarlı biçimde karşılık vermenin stresi yönetmeye katkısıdır. Çocuklar ve diğer primatlarla yapılan çalışmalar bakım kalitesinin çocuktaki stres yönetme kapasitesinin gelişmesinde ve düzenlenmesinde önemli rol oynadığını göstermektedir. İkincisi, duyarlı biçimde karşılık vermenin çocuklarda özyeterliği pekiştirmesi ve artırmasıdır. Araştırmalar, erken yaşlarda çocuğun, kendi davranışı ile çevreden gelen tepkinin izlerliğini (ardışıklığını) algılamasının, benlik farkındalığının oluşmasına katkı sağladığını göstermektedir. Gereksinimlerine duyarlı bir biçimde tepki veren anne sayesinde bebek, başkasından pozitif bir tepki almak için ne yapması gerektiğini anlamaktadır. Bu da genel olarak ilişkilerindeki duygusal güvenin, diğer bir deyişle güvenli bağlanmanın gelişmesine yardımcı olmaktadır.

Meta analiz çalışmaları (örn. de Wolff ve van IJzendoorn,1997; van IJzendoorn, Vereijken, Bakermans-Kranenburg ve Rikensen-Walraven, 2004), kültürlerarası çalışmalar (örn. Pederson, Gleason, Moran ve Bento (1998) ve Türkiye'de yapılan bir çalışma (Sümer, Selçuk, Günaydın, Harma ve Salman, 2008) beklendiği gibi anne duyarlığının çocuklarda güvenli bağlanmayı yordayan öncelikli ebeveyn özelliği olduğunu göstermiştir. Türkiye'de annenin özellikle kaçınan güvensiz bağlanmaya sahip olmasının hem anne duyarlığını (Selçuk, Günaydın, Sümer, Harma, Salman, Hazan, Doğruyol ve Öztürk, 2010) hem de çocukların ebeveynlerine güvenli bağlanmasını azaltan bir risk faktörü olduğu bulunmuştur (Sümer ve Kağıtçıbaşı 2010)

Özetle, anne duyarlığı, bebekten gelen sinyallere karşı uyanık olmak, çocuğun verdiği tepkiyi doğru yorumlamak, uygun karşılık vermeye hazır olmak, dikkat ve davranışta esneklik, birbiriyle çatışan hedeflerin müzakere edilmesi gibi gelişimsel düzeye göre değişen farklı ebeveyn davranışlarını içerir. Duyarlı olmanın en belirgin işareti, bebeği doğru okumaktır. Zamana ve mekâna göre çocuktan gelen işaretlere verilen tepkiler değişebileceği için duyarlık esnek bir uyum becerisini de gerektirir.

Çocuğun Mizacı ve Bağlanma

Anne duyarlığının, bebeğin anneye güvenli bağlanmasındaki en önemli faktör olduğu pek çok çalışmada gösterilmiştir. Ancak, bebeğin mizaç özelliklerinin de farklı şekillerde bağlanma ile ilişkili olduğu bilinmektedir. Örneğin, YOY'da gözlenen bağlanma farklılıklarının kısmen bebeğin mizacı ile de ilişkili olduğu öne sürülmüştür (Kagan, 1995 akt. Van IJzendoorn ve Bakermans-Kranenburg 2012). Kagan'a göre mizaç özelliği olarak çekingen olmayan ya da sosyal olan çocuklar yabancı bir ortamda kaygılanmayabilir veya yabancı kaygısı göstermeyebilir. Mizaç olarak kolay yatıştırılamayan veya tepkisel olan çocuklar ise yabancı ortamda kaygılandıklarında anneleri tarafından kolay yatıştırılamayıp güvensiz bağlanma gösterdikleri şeklinde değerlendirilebilirler (bkz. Susman-Stilman, Kalkoske, Egeland ve Waldman, 1996).

Ayrıca, farklı mizaç özelliğine sahip çocuklar aynı tip ebeveyn davranışı karşısında farklı bağlanma stilleri geliştirebilmektedir. Örneğin, duyarlı bakımın düşük olduğu durumlarda çekingen çocuklar kaygılı bağlanma örüntüsü geliştirirken, çekingen olmayan çocukların, kaçınan bağlanma örüntüsü geliştirdiği bulunmuştur (Vaughn, Bost, ve van IJzendoorn, 2008). Hatta çok ender de olsa, kolay uyum sağlayan çocukların, birebir etkileşimin düşük ve tutarsız olduğu kurum bakımı durumlarında bile güvenli bağlanma geliştirebilmesi, bireysel özelliklerin önemini göstermektedir (van IJzendoorn ve Bakermans-Kranenburg, 2012).

Mizaç özellikleriyle bağlanma arasındaki ilişkiye ebeveyn davranışlarında gözlenen değişimlerle de bakılmaktadır. Alanyazında çocuğun mizaç özelliklerinin ebeveyn davranışlarıyla ilişkilerini gösteren çalışmalar (örn. Scarr ve McCartney, 1983), bağlanma sisteminin kurulmasında çocuğun mizaç özelliklerinin de dikkate alınmasının önemli olduğunu düşündürmektedir. Örneğin, geçmiş araştırmalar annenin sıcaklığıyla çocuğun olumlu tepkilerinin pozitif yönde (Kochanska, Friesenborg, Lange ve Martel, 2004), zor mizaç özelliğinin ise negatif yönde (Paulussen-Hoogeboom, Stams, Hermanns, Peetsma, 2008) ilişkili olduğunu; çocuğun tepkiselliğinin ise anne ve babanın negatif ebeveyn davranışlarıyla olumlu yönde ilişki gösterdiğini ortaya koymuştur (Ganiban, Ulbricht, Saudino, Reiss ve Neiderhiser, 2011).

Çocuğun bağlanmasında en önemli faktörlerden biri olan anne duyarlığının da çocuğun mizaç özellikleriyle ilişkili olduğu bulunmuştur. Zor mizaç özelliğinin annelerin duyarlığını olumsuz yönde yordadığı (Ciciolla, Crnic ve West, 2013; Mills-Koonce ve diğer, 2007), çocuğun genetik temelli negatif duygulanımı ise anne ve babanın hem olumsuz ebeveynliği hem de düşük düzeyde sıcaklığı ile ilişkili bulunmuştur. Çocuğun sürekli ağlaması, olumsuz duygularla yüklü olması ve karşı gelmesi ebeveynleri strese sokarak huzursuz ederken, onların toleransını düşürebilir; bu durumda anne babanın çocuğun davranışlarına olumsuz tepkileri artabilir (Ganiban ve diğer, 2011). Susman-Stillman ve arkadaşları (1996), mizaç ile çocuğun bağlanması arasındaki etkileşim sürecinde annenin duyarlığının aracı rolünü incelemişler, 6 aylık bebeklerin sinirli ve huzursuz oluşlarıyla güvenli bağlanma arasındaki ilişkide annenin duyarlığının aracı rol oynadığını bulmuşlardır.

Bağlanma Davranışları Sınıflandırma Sistemi ile ölçülen güvenli bağlanma ile mizaç arasındaki ilişki Van Ijzendoorn ve arkadaşlarının (2004) meta analiz çalışmasında da ele alınmıştır. Bu çalışmada annenin bildirdiği güvenli bağlanmanın çocuğun tepkiselliği ile ilişkisinde .29, anne duyarlığıyla ilişkisinde .31; fakat gözleme dayalı güvenli bağlanma değerlendirmeleriyle çocuğun tepkiselliği arasındaki ilişkide .16, anne duyarlığıyla olan ilişkisinde de .23 gibi etki büyüklükleri hesaplanmıştır. Bu meta analiz sonuçları da anne duyarlığının güvenli bağlanma için önemine dikkat çekmektedir. Ancak bağlanma araştırmalarında, çocuğun mizacının, genel olarak annenin davranışlarına ve özel olarak annenin duyarlığına olan etkilerini de göz önünde bulundurmak gerekir.

İlgili Alanyazın ve Meta Analiz Çalışmaları

Yukarıda anlatıldığı gibi anne duyarlığı, çocukluktaki bağlanmanın en kritik önkoşulu olarak kabul edildiği için, özellikle 1990'lara kadar bağlanma kuramı kapsamında yapılan çalışmaların önemli bir kısmı bu iki kavram arasındaki ilişkiyi kesitsel ve boylamsal olarak incelemiştir. Bu bölümde bu çalışmaların derlenmesinden oluşan temel meta analiz araştırmalarını özetledik. Özellikle bu kitabın asıl amacı olan ADSS ve BDSS'nin kullanıldığı temel araştırmalar ve meta-analiz çalışmalarını ağırlıklı olarak ele aldık.

Anne duyarlığı ile çocuklardaki bağlanma örüntüsü arasındaki ilişkinin etki genişliğini inceleyen ilk meta analiz, Goldsmith ve Alansky (1987) tarafından 13 çalışma üzerinden yapılmıştır. Bu araştırmada çoğunluğu Ainsworth Anne Duyarlığı Ölçeği ile ölçülen anne duyarlığı ile genellikle "YOY" ile ölçülen çocuktaki güvenli bağlanma arasında .32 düzeyinde anlamlı bir ilişki bulunmuştur. Yazarlar bu ilişkinin anlamlı ancak görece zayıf olmasına dikkat çekerek, anne duyarlığının farklı boyutları ile bağlanma arasındaki ilişkilerin de incelenmesi gerektiğini vurgulamışlardır.

Bu ilk meta analiz çalışmasından on yıl sonra en kapsamlı meta analiz, De Wolff ve van Ijzendoorn (1997) tarafından toplamda 4106 katılımcıyı içeren 66 çalışma üzerinden yapılmıştır. Bu kapsamlı çalışmada araştırmacılar, bağlanma araştırmalarında kullanılan anne-çocuk ilişkisine dair 55 farklı yapıyı belirlemişler, bunlardan Ainsworth'ün duyarlık tanımlamasına uyan 15 yapıyı dört farklı anne ya da ebeveyn davranış kategorisi içinde sınıflamışlardır. Bu kategoriler sırasıyla, (1) duyarlık (bebeğin sinyallerini doğru okuma ve bu sinyallere hemen ve uygun biçimde karşılık verme düzeyi); (2) tepkinin anındalığı (niteliğinden bağımsız olarak bebeğin sinyallerine anında karşılık verme sıklığı), (3) fiziksel temas (bebekle fiziksel temasın niteliği ve sıklığı) ve (4) işbirliğidir (bebekle ilişkide araya giren, müdahale eden ya da bozucu tepkilerin olup olmaması). Bunun dışında kalan ve araştırmalarda tanımlanan 40 yapı (anne davranışı veya ilişki biçimi) beş kategori içinde sınıflanmıştır. Bunlar; (1) senkroni, (2) pozitif karşılıklılık, (3) destek, (4) duygusal nitelik ve (5) uyarım ya da harekete geçirmedir. Anne çocuk ilişkisinde senkroni eksikliği tek yönlü ve müdahaleci davranışlara yol açar. Pozitif karşılıklılık, bebek ve annenin benzer perspektifler alarak olumlu etkileşimlerini, annenin bebeğin uyarılmalarını düzenleme becerisini, bebeği eğlendirme ve avutma becerisini, bebeğin verdiği işaretlere uygun karşılıklar vermesini içerir. Aynı zamanda anneye yönelik pozitif duygu ifadesi ve etkileşimi sürdürme isteği gibi bazı bebek davranışları da bu kapsam içindedir. Destek, annenin çocuk üzerindeki dikkatini, hazır bulunurluğunu ve çocuğun çabalarına verdiği desteği içerir. Annenin destekleyici varlığı çocuğa güvenli üs olma ve ona yönelik dikkati sürdürme bakımından önemlidir. Duygusal nitelik, annenin bebeğe yönelik olumlu ve olumsuz duygu ifadelerini, anne-çocuk etkileşimlerinin düzeyini/niteliğini yansıtır. Son yapı olan uyarım, annenin bebeği bir hareket yapmaya ve aktif olmaya yönelten herhangi bir eyleme karşılık gelmektedir.

Bu meta analizin sonuçları genel olarak anne duyarlığının güvenli bağlanmanın gelişmesinde en önemli koşul olduğunu göstermiştir. Tepkilerin anındalığı boyutu, bağlanmayla görece daha zayıf ilişki göstermiştir. Bu araştırmada, kapsanan çalışmaların ölçüm türüne ve yöntem farklılıklarına bakılmaksızın, genel olarak anne duyarlığı ile bağlanma arasında .22 düzeyinde anlamlı ancak orta düzeyde güçlü bir ilişki bulunmuştur. Ancak etki genişliği (ya da gücü) ailenin geldiği sosyal sınıf, çocuğun yaşı, ölçümler arasındaki zaman aralığı, kullanılan ölçme aracı türü, vb. özelliklere göre farklılaşmaktadır. Yukarıda anlatılan boyutlar düzeyinde ilişkilere bakıldığında, anne duyarlığında karşılıklılık (.32) ve senkroni boyutlarının (.26) çocukta güvenli bağlanma ile daha güçlü ilişkiler gösterdiği gözlenmiştir.

Atkinson ve arkadaşları (2000) ise 41 çalışmada yer alan 2243 anne-çocuk çifti üzerinde yaptıkları meta analizde De Wolff ve Ijzendoorn'dan (1997) çok daha katı dahil etme ölçütleri kullanmış, doğrudan anne duyarlığı ve çocuk bağlanmasını ölçen çalışmaları almışlardır. Bu durumda anne duyarlığı ile çocuktaki bağlanma arasındaki ilişkinin etki büyüklüğünün .27'ye yükseldiği bulunmuştur. Ölçümlerin yapıldığı bağlam, gözlemler arasındaki zaman aralığı ve çocuğun yaşı gibi olası düzenleyici değişkenler (moderatörler) kontrol edildiğinde ise etki büyüklüğünün .40'lara kadar yükseldiği bulunmuştur. Bu meta analizde anne duyarlığı ile güvenli bağlanma arasındaki ilişkinin Bowlby'nin önermeleri doğrultusunda daha güçlü olduğu gözlenmiştir.

Son kapsamlı meta analiz, Van Ijzendoorn ve arkadaşlarının (2004) çalışmasıdır. Bu analiz, çocukların bağlanma düzeyi ölçümünde sadece (bu kitabın da temel konusu olan) Anne Davranışları Sınıflama Seti'nin (ADSS) kullanıldığı 42 örneklemden gelen 2768 anne-çocuk çifti üzerinden yapılmıştır. Sonuçlar, gözlemcilerin sınıflandırmasına dayanan ADSS ile ölçülen bağlanma ile anne duyarlığı arasında .31 düzeyinde anlamlı bir ilişkinin olduğunu göstermiştir. Ancak, ADSS'nin, Türkiye'de bizim de uyguladığımız gibi, sadece gözlemciler tarafından değerlendirildiği durumda etki büyüklüğü .39'a yükselmektedir. Örneklemlerin %90'ı Batı ülkelerinden katılımcılardan oluşmakta ve etki büyüklüğü örneklemin geldiği ülkeye ya da kültüre göre de farklılaşmaktadır. Örneğin, etki büyüklüğü ABD kökenli örneklemler için .20 iken, Avrupa kökenlilerde .48 ve Kanada kökenlilerde .53'e kadar yükselmektedir. Bu araştırma, aynı zamanda, aynı temel yapıyı ölçmeye yönelik iki yaklaşım olan YOY ile ADSS arasındaki ilişkinin de kültür ve diğer düzenleyici değişkenlerin etkisine göre farklılaştığını göstermektedir. Örneğin bu iki ölçme aracı ABD örneklemlerinde çok düşük düzeyde bir ilişki gösterirken (.14), Avrupa'da (.40) ve Kanada'da (.54) çok daha yüksek düzeyde ilişki göstermektedir.

Geçmişteki araştırmaların büyük çoğunluğu Batı ülkelerinde yapılmış olmakla birlikte Batı kültürleri dışında yapılan çalışmalarda da anne duyarlığı ve bağlanma arasında güçlü ilişkiler bulunmuştur. Örneğin, Posada, Carbonell, Alzate ve Plata (2004), Kolombiyalı anne-çocuk çiftleri üzerinde yaptıkları araştırmada ADSS ile ölçülen duyarlık ile BDSS ile ölçülen bağlanma arasındaki ilişkiyi .42 olarak bulmuşlardır. Vereijken, Riksen-Walraven ve Kondo-İkemura (1997), Japonya'da Ainsworth'ün gözleme dayalı anne duyarlığı ölçeği ile ölçülen duyarlık ile BDSS ile ölçülen çocukta güvenli bağlanma arasında anlamlı ilişki gözlemlemiştir. Benzer şekilde Jin, Jacobvitz, Hazen ve Jung (2012) Güney Kore'de yabancı ortam yöntemiyle ölçülen bağlanma ve anne duyarlığı arasında Batı ülkelerindekine benzer genişlikte bir ilişki bulmuştur. Bununla birlikte Batı kültürlerindeki çocuğun açık işaretlerine ve taleplerine annenin zamanında karşılık vermesi olarak tanımlanan anne duyarlığı kavramının kültürlerarası geçerliği bağlanma yazınında yaygın olarak sorgulanmakta (örn. Rothbaum, Weisz, Pott, Miyake ve Morelli, 2000) ve farklı kültürlerden, özellikle İslam ülkelerinden daha fazla veriye ihtiyaç duyulduğu belirtilmektedir (van Ijzendoorn ve Sagi-Schwartz, 1999).

Batı'da kullanılan anne duyarlığı ve bağlanma kavramlarının kültürel geçerliği konusunda en katı eleştiri Fred Rothbaum ve arkadaşları (Rothbaum, Nagaoka, Ponte, 2006; Rothbaum ve diğer, 2000) tarafından yapılmıştır. Bu araştırmacılar öncelikle bağlanma kuramının üç temel varsayımının kültürel geçerliğini sorgulamaktadırlar. Bunlar, (1) anne duyarlığının her koşulda güvenli bağlanmaya yol açacağı, (2) güvenli bağlanmanın daha sonraki yıllarda sosyal yeterlikle ilişkili olduğu ve (3) güvenli bağlanan çocukların bağlanma kişilerini keşif için güvenli üs olarak kullandıkları sayıltılarıdır. Araştırmacılar, her üç sayıltının da özünde Batı kültürüne özgü anne-çocuk ilişkisini temel alarak kavramsallaştırıldığını ve bütün kültürlere genellenemeyeceğini ileri sürmüşlerdir. Anne duyarlığının kültürel beklentilere göre değiştiği ve kültüre bağlı duyarlık örüntülerinin çocuklarda farklı gelişimsel sonuçlarla ilişkili olacağını belirtmişlerdir. Özellikle ABD ve Japonya karşılaştırması yaparak duyarlığın bir kültürden diğerine farklılık gösteren sosyalizasyon amaçları ve inanışları ile ilişkili olduğu öne sürülmüştür.

Rothbaum ve arkadaşlarına (2000) göre, anne duyarlığı Batı kültürlerinde çocuğun açık ihtiyaçlarına ve doğrudan gönderdiği sinyallere annenin karşılık vermesine dayanırken, toplulukçu Doğu kültürlerinde çocuğun verdiği örtük işaretleri okuma ve ihtiyaçları hakkında doğru beklenti geliştirme becerisine dayanır. Bu nedenle toplulukçu kültürlerde anne ve çocuğun fiziksel olarak çok daha yakın yaşamalarının, aslında örtük mesajları daha kolay anlama bakımından bir işlevi olabilir. Oysa bu tür yakın bir ilişki Batı'da simbiyotik olarak algılanıp kaygılı bağlanma olarak değerlendirilebilir. Bu eleştiriler bilimsel veriler temelinde yeterince araştırılmamıştır. Ancak yapılan birkaç çalışma, olası kültürel farklılıklara işaret etmektedir. Örneğin, Carlson ve Harwood

(2003) Porto Rikolu annelerle beyaz Amerikalı annelerin duyarlık örüntülerini anne-çocuk ilişkilerinin kaydedildiği video görüntülerini inceleyerek karşılaştırmışlardır. Porto Rikolu annelerin Avrupa kökenli beyaz annelere oranla çocuklarıyla daha fazla fiziksel temas kurdukları (çocuklarını kontrol ettikleri) ve bunun hem anne duyarlığı hem de çocukta güvenli bağlanma ile ilişkili olduğunu bulmuşlardır. Yüksek düzeyde fiziksel kontrolün Batılı çocuklarda kaçınan bağlanma olasılığını artırdığı gözlenmiştir.

Rothbaum ve arkadaşlarının (2000) sert eleştirileri bazı bağlanma araştırmacıları tarafından özellikle veriye dayanmadığı ve kuramın özüne uygun olmadığı şeklinde eleştirilmiştir (örn. Posada ve Jacobs, 2001). Son yıllarda yapılan kültürlerarası çalışmalar bağlanmanın üç temel sayıltısı olan evrensellik (bütün kültürlerde çocuklar bir yetişkine bağlanma geliştirir), normatif (güvenli bağlanma kültürlerin çoğunluğunda en yaygın normdur) ve duyarlık (erken dönemde duyarlı bakım güvenli bağlanmaya yol açar) sayıltıları erken araştırmalara oranla daha yaygın destek almış bulunmaktadır (bkz. van IJzendoorn ve Sagi-Schwartz, 2008). Ancak bu sayıltıların geçerliği özellikle Türkiye gibi hem Batı'nın bireyci hem de Doğu'nun toplulukçu yapısını içinde barındıran köprü kültürlerde ve İslam ülkelerinde yeterince çalışılmamıştır.

Kullanılan yöntemden bağımsız olarak bütün ülkelerde anne duyarlığı ile çocukluktaki bağlanmanın ilişkili olduğu, ancak her iki değişkenin de kart sınıflama yöntemi ile ölçüldüğü durumların görece az olduğu gözlenmektedir. Türkiye'de özbildirime dayalı ölçme araçları ile ergenlik ve yetişkinlikte bağlanma yaygın olarak çalışılmasına karşın (örn. Sümer ve Güngör, 1999; Sümer, 2006, 2012b) erken dönemde bağlanma örüntüsü çalışılmamıştır. Bu nedenle bu kitapta anlatılan kart sınıflama yöntemleri kullanılarak yapılan araştırma, Türkiye'de bu yöntemle yapılan ilk çalışma niteliğindedir.

ADSS ve BDSS Ölçümlerinin Önemi

Yabancı Ortam Yönteminin Eleştirisi

Bağlanma kuramının ilk ve en kapsamlı uygulaması olarak Ainsworth ve arkadaşlarının (1978) çalışmasını takiben çocuklarda bağlanma örüntüsü temel olarak YOY (Yabancı Ortam Yöntemi) ile ölçülmüştür. YOY standart bir ölçme aracı olarak bağlanma kuramının temel varsayımlarının sınanmasında çok önemli bir katkıda bulunmuştur. Ancak daha sonraki çalışmalar birkaç nedenden dolayı YOY'un her koşulda kullanılabilir ve her kültür için uygun bir yöntem olmadığını göstermiştir. Özellikle ölçümün oyun odası olarak hazırlanmış yapay bir laboratuvar ortamında yapılıyor olması, çocuğun kısa sürelerle de olsa iki kez annesinden ayrılmak zorunda kalması ve hiç tanımadığı bir yabacıyla zaman geçirmesi nedeniyle ekolojik geçerliği bakımından sorgulanmıştır (bkz. van Ijzendoorn ve diğer, 2004). Aynı zamanda anneden ayrılmanın yarattığı stresin çocuğun örselenebilirliği dikkate alındığında etik olarak da sorunlu olabileceği ileri sürülebilir (Thompson, 1990).

Ancak temel eleştiri YOY'un kültürel geçerliği konusunda olmuştur. Özellikle bireyci Batı kültürleri ile toplulukçu Doğu kültürleri arasındaki çocuk yetiştirme ve erken dönem anne-çocuk ilişkisindeki farklılıkların YOY'un kültürel geçerliğini tehdit ettiği ileri sürülmüştür (Rothbaum ve diğer, 2000, 2006). Bu konudaki ilk kültürlerarası çalışmalardan birinde Takahashi (1986), ABD örneklemi ile karşılaştırıldığında Japonya'da daha fazla oranda kaygılı/dirençli çocuk bulunmasını YOY'un Japon çocuklar için çok stresli bir ölçüm olması ile ilişkili olabileceğini belirtmiştir. Bu çalışmadan sonra YOY'un ekolojik geçerliği daha fazla sorgulanmış, özellikle Japonya gibi erken dönemde anne-çocuk ilişkisinin çok sıkı olduğu kültürlerde anneden ayrılmaya dayalı ölçümlerin hem çocuğun hem de annenin gözünü korkuttuğu ve gereksiz stres yarattığı, bu nedenle de ölçümün kültürel geçerliğini zayıflattığı ileri sürülmüştür (örn. Jin ve diğer, 2012; Vereijken ve diğer, 1997).

YOY'un bu tür sınırlılıkları nedeniyle yabancı ortamda gözlenebilen bütün özellikleri, evde doğal ortamında detaylı şekilde anne-çocuk etkileşimi içinde gözlemeye dayanan BDSS, alternatif bir araç olarak kullanılmaya başlamıştır. BDSS ilk olarak Block'un (1961) "Q" yöntemi olarak bilinen sistematik kart sınıflama yaklaşımıyla Waters ve Deane (1985) tarafından geliştirilmiştir. İleri bölümlerde ayrıntılı olarak anlatıldığı gibi, BDSS, her birinde 12-48 ay arasındaki bir çocuğun tipik bir davranışının tanımlandığı çok sayıda karttan oluşmaktadır. Orijinal uygulama 100 karttan oluşmasına karşın daha sonra 75 ve 90 karttan oluşan sürümleri geliştirilmiştir. En yaygın kullanılan sürüm 90 karttan oluşmaktadır.

Uygulama kolaylığı ve ev ortamında uygulandığı için daha yüksek dış geçerlik gibi avantajlarının yanı sıra van Ijzendoorn ve arkadaşlarının (2004) meta analiz çalışması, gözlemci değerlendirmesine dayanan BDSS uygulamasının hem bebekler hem de okul öncesi dönemdeki bütün çocuklar için daha geçerli bir ölçme aracı olduğunu göstermiştir. BDSS için yapılan bu kapsamlı çalışmada hem BDSS'nin bileşen ve ayırıcı geçerliği (özellikle mizaçtan bağımsız olarak bağlanmanın ölçülebildiğinin gösterilmesi) hem de yordayıcı geçerliği için destekleyici sonuçlar elde edilmiştir. Aynı zamanda bu çalışmada BDSS ile ölçülen bağlanma düzeyinin, anne duyarlığı ile sistematik olarak ilişkili olduğu bulunmuştur. Posada, Waters, Crowell ve Lay (1995), "güvenli çocuk" algısına paralel olarak "ideal çocuk" ölçütü kullanıldığında BDSS'nin kültürlerarası bileşen geçerliğine sahip olduğunu vurgulamışlardır.

Gözlemci Değerlendirmesinin Önemi

Waters ve Deane'nin (1985) ilk uygulamalarından başlayarak BDSS, sadece eğitilmiş gözlemciler tarafından değil annenin doğrudan kendisi, yuvadaki bakıcılar, hatta öğretmenler tarafından da uygulanabilmektedir. En az üç saat süren gözlemler nedeniyle anne ya da bakıcı tarafından uygulanmasının çok sayıda pratik yararı olmasına karşın van IJzendoorn ve arkadaşlarının (2004) meta analiz çalışması, annelerin sınıfladığı kartlarla yapılan uygulamaların eğitilmiş gözlemcilerle yapılan uygulamalara oranla daha düşük düzeyde geçerliğe sahip olduğunu göstermiştir. Örneğin, her iki yöntemle yapılan sınıflamada da BDSS, anne duyarlığı ile anlamlı düzeyde ilişki gösterirken, anne sınıflamasına dayalı araştırmalarda ortalama etki büyüklüğü .23 iken, eğitilmiş gözlemci değerlendirmelerinin kullanıldığı araştırmalarda etki büyüklüğü .39'a yükselmektedir. Düzenleyici değişkenler dikkate alındığında bu fark daha da belirginleşmektedir. Bu bulgular geçerlik bakımından eğitilmiş gözlemci sınıflandırmasının anne sınıflandırmasına açık üstünlüğünü göstermektedir. Aynı zamanda annelerin kendi sınıflandırmaları çocu-

GİRİŞ | 33

ğun mizacı ile de daha yüksek düzeyde ilişki gösterirken (.35), eğitilmiş gözlemcilerin sınıflandırma yaptığı çalışmalarda bu ilişki görece daha zayıftır (.16). Bu bulgu annelerin mizaç ile bağlanma özelliklerini tam olarak ayıramadıklarını ve eğitilmiş gözlemci sınıflamasının anne sınıflamasına oranla daha yüksek ayırıcı geçerliğe sahip olduğunu göstermektedir. Elde ettikleri sonuçlara dayanarak van Ijzendoorn ve arkadaşları, anne sınıflandırma yönteminin yeterli düzeyde bir geçerliğe sahip olmadığı, ancak eğitilmiş gözlemcilerin sınıflandırması yönteminin yeterli düzeyde geçerlik gösterdiği sonucuna ulaşmışlardır. Bu nedenle araştırmacılara, BDSS'nin eğitilmiş gözlemciler aracılığıyla, özellikle birden fazla gözlemci kullanılarak uygulanması önerilmektedir.

Uyarlama Çalışması

Bu çalışmada uyarlanan BDSS, bağlanmayı ölçme amacıyla geliştirilmiş ölçümleri özellikle YOY'u temsil eden en kapsamlı ölçüm aracıdır. Benzer şekilde ADSS de anne duyarlığını özellikle de Ainsworth'ün (1969) anne duyarlığı ölçümünü de kapsayan daha da geliştirilmiş bir kart sınıflama yöntemidir. Araştırmanın ilk amacı bu ölçme araçlarını kültürümüze uyarlamaktır. Batı ülkelerinde yapılan çalışmalarda duyarlığın ve bağlanma güvenliğinin düzeyleri saptanmıştır, ancak Türkiye için erken dönem bağlanma veya anne duyarlığı için bu kapsamda bir inceleme mevcut değildir. Çalışmanın ikinci amacı, Türkiye'de ADSS ve BDSS temelinde anne duyarlığı ve çocukta güvenli bağlanma düzeylerine ilişkin somut karşılaştırılabilir değerlerin elde edilmesidir. Yukarıda anlatıldığı gibi bağlanma kuramı temelde anne duyarlığı ile çocukta güvenli bağlanma arasındaki ilişkiye dayanır. Batı ülkelerinde bu ilişkiyi yansıtan çok sayıda meta analiz bulunmakla birlikte Türkiye'de bu ilişki henüz test edilmemiştir. Bu araştırmanın son amacı da Türk kültüründe anne duyarlığının bağlanmayı yordama düzeyini incelemektir.

Yöntem

Örneklem

Uyarlama çalışması için farklı sosyo ekonomik ve eğitim düzeylerinden annelere kartopu yöntemiyle ulaşılmıştır.[1] Örneklemi, Ankara'da yaşayan 85 anne ve onların 4 yaş ve altındaki çocukları oluşturmaktadır. Çocukların 47'si erkek, 38'i kızdır. Annelerin yaşları 20 ila 45 arasında (Ort. = 30.04, S = 5.26); çocuklarınki ise 10 ila 50 ay arasında (Ort. =

---

1 BDSS ve ADSS'nin güvenirlik ve geçerlik bilgilerinin Batı'daki çalışmalarla tutarlı olması amacıyla 50 aydan büyük çocuklar ve anneleri analizlerden çıkarılmıştır. Bu durumda analizler, 85 anne-çocuk çifti üzerinden yürütülmüştür.

24, S = 10.60) değişmektedir. Çocukların yaş dağılımına daha yakından bakıldığında 46 çocuğun 10-24 ay, 24 çocuğun 25-36 ay, 15 çocuğun 37-50 ay arasında olduğu görülmektedir. Kırk beş anne-çocuk çifti alt sosyoekonomik düzeydeki ailelerden, 33'ü orta ve 7'si de orta-üst ve üst sosyoekonomik düzeydeki ailelerden gelmektedir. Annelerin 26'sı okuryazar ve ilkokul mezunu, 9'u ortaokul, 31'i lise ve 19'u yüksekokul ve üniversite mezunudur. Annelerin ortalama eğitim süresi 9.5 (S = 4.17) yıldır. Çalışma durumu açısından annelerin 64'ü evhanımı, 18'i tam zamanlı çalışan ve üçü işsizdir. Çocukların 82'si biyolojik anne ve babalarıyla birlikte yaşamaktadır. Anne babası boşanmış olan diğer üç çocuk ise annesi ve üvey babasıyla birliktedir. Doğum sırasına göre bakıldığında çocukların 37'si ilk; 31'i ise ikinci çocuktur. Kardeş sayısının medyanı 1 olarak bulunmuştur (ranj = 0-3). Örneklem hakkında daha ayrıntılı bilgi için Tablo 1 incelenebilir.

TABLO 1. Katılımcıların Genel Demografik Özellikleri

	KIZ (N=38)			ERKEK (N=47)			TOPLAM (N=85)		
	Ort	S	Ranj	Ort	S	Ranj	Ort	S	Ranj
Çocuklar									
Yaş (Ay olarak)	25,38	9,77	11,20-48,20	27,00	11,42	10,33-49,64	26,29	10,69	10,33-49,64
Anneler									
Yaş (Yıl olarak)	29,74	4,72	20-37	30,27	5,69	20-45	30,04	5,26	20-45

Ölçme Araçları

ADSS- Anne Davranışları Sınıflandırma Seti (MBQS-Maternal Behavior Q-Sort; Pederson ve Moran, 1995a; 1995b)

Annenin duyarlığı, Pederson ve Moran (1995a, 1995b) tarafından annenin çocuğa sağladığı ilgi-bakımın kalitesini değerlendirmek amacıyla geliştirilmiş 90 madde kullanılarak ölçülmüştür. Bu maddeler, Ainsworth ve arkadaşlarının (1978) tanımladığı ilgi-bakım davranışları çerçevesinde hazırlanmıştır ve annenin çocukla etkileşimde olduğu ve olmadığı zamanlarda gerçekleşen çok sayıda anne davranışını kapsamaktadır. Bu davranışlara örnek olarak annenin çocuğu beslemesi, yatıştırması, onunla oynaması gibi etkileşim içeren ve çocuğu izleme, bir faaliyet ya da oyun için çevreyi düzenleme gibi etkileşim içermeyen davranışlar verilebilir. Davranış çeşitliliği fazla olmakla birlikte gözlemcinin yapması gereken, bu davranışların anne duyarlığını değerlendirme açısından kritik olan yönüne odaklanmaktır. Anne duyarlığı, annenin, çocuğun huzurlu ya da huzursuz olduğuna işaret eden sinyalleri doğru tanıyarak bunlara uygun tepki vermesini ve çocuğun ihtiyaçlarını tatmin etmesini sağlayan davranışlardır.

Gözleme dayalı bir ölçme aracı olan ADSS'nin uygulanması "kart sınıflama tekniğine" dayanmaktadır. Gözlemci, anne-çocuk etkileşimini gözlemlediği ev ziyaretini tamamladıktan sonra kart sınıflama ölçümlerinin çoğunda olduğu gibi ADSS maddelerini kullanarak annenin ilgi-bakım davranışlarını sabit bir dağılım içinde sınıflar. Bunun için gözlemci bireysel olarak 90 maddeyi annenin "en sık yaptığı", "orta sıklıkta yaptığı" ve "hiç yapmadığı" davranışlar olarak kabaca denk üç kümeye ayırır. Araştırmacı daha sonra her grubu kendi içinde grup başına 10 madde olacak şekilde üçer kümeye daha ayırarak toplam dokuz grup (küme) elde eder. (1 = annenin hiç yapmadığı davranışlar, 9 = annenin en sık yaptığı davranışlar). Her bir maddenin bulunduğu grup numarası annenin o maddeden aldığı puanı temsil etmektedir.

Daha sonra bu puanlar Pederson ve Moran (1995a) tarafından belirtilen ölçütlerle karşılaştırılarak annenin "duyarlık" puanı elde edilir. Bir uzman grubunun kartları sınıflandırması temelinde elde edilen "ideal duyarlı" anne ölçütü ile gözlenen annenin puanı arasındaki korelasyon, annenin "duyarlık" puanını temsil eder. Böylece puanlar -1 ile +1 arasında değişmektedir. Diğer bir deyişle yüksek puanlar ("1"e yaklaşan puanlar) annenin yüksek düzeyde (ideale yakın) duyarlı olduğu anlamına gelmektedir. Ölçeğin Türkçe formunun yönergesi, maddeleri ve açıklamaları Ek-I'de verilmektedir. Bu çalışmada gözlemciler arası güvenirliğin ortalaması .85 (S = .06, ranj = .62–.95) olarak elde edilmiştir.

Ölçeğin hesaplama işlemlerini daha hızlı ve verimli yapabilmek için geliştirilen bir bilgisayar programının (METU Q-Soft) ayrıntısı da gelecek bölümlerde verilmektedir.

BDSS- Bağlanma Davranışları Sınıflandırma Seti (AQS-Attachment Q-Sort; Waters, 1995)

Bebeğin/çocuğun bağlanma güvenliği, Waters (1995; Waters ve Deane, 1985) tarafından geliştirilen 90 maddeden oluşan BDSS kullanılarak ölçülmüştür. BDSS, YOY'a alternatif olarak geliştirilmiştir, ancak stresli bir ayrılma süreci içermez. BDSS, doğal ortamlarda çocuğun güvenli davranışlarını tanımlayan ifadelere bağlı olarak çocuğun anneye güvenli bağlanmasını değerlendirmek için kullanılır ve özellikle 1-5 yaş arası çocuklar için uygundur (Pederson, Moran, Sitko, Campbell, Ghesquire ve Acton, 1990).

Ölçeğin uygulama aşamaları ADSS'nin uygulama aşamalarıyla aynıdır. Sadece anne yerine çocuk gözlenmektedir. Gözlemi yapan araştırmacılar gözlem sonunda, öncelikle çocuğun davranışlarını "en sık yaptığı", "orta sıklıkta yaptığı" ve "hiç yapmadığı" davranışlar olarak üçe ayırır ve daha sonra her grup kendi içinde tekrar üçe bölünerek 9 grup oluşturulur. Çocuğu en iyi tanımlayan özellikler en üst üç kategoriye (7-9); en az tanımlayan özellikler ise en alt üç kategoriye (1-3) yerleştirilir. Çocuğu ne tanımlayan ne de tanımlamayan ya da gözlenemeyen davranışlar ise dağılımın orta kategorisine (4-6) yerleştirilir. Her bir maddenin bulunduğu kategorinin taşıdığı değer, çocuğun o maddeden aldığı puanı temsil etmektedir. Daha sonra bu puanlar, Waters'ın (1995) uzman grubunun değerlendirmesiyle oluşturulan ve güvenli çocuğu temsil eden "ideal" ölçütle karşılaştırılarak çocuğun bağlanma güvenliği düzeyi hesaplanır. Çocuğun puanı ile uzmanların ideal çocuk puanı arasındaki korelasyon çocuğun güvenli bağlanma düzeyini temsil eder. Böylece puanlar -1 ile +1 arasında değişmektedir. Diğer bir deyişle yüksek puanlar ("1" e yaklaşan puanlar) çocuğun güvenli bağlanmaya sahip olduğu anlamına gelir. Bu çalışmada gözlemciler arası ortalama tutarlık .81'dir (S = .06, ranj = .63–.93).

BDSS sınıflandırması kullanılarak, aynı zamanda çocuğun "ba-ğımlılık" (*dependency*) puanı da yine uzman değerlendirmesi temelinde hesaplanmaktadır. Araştırmalarda çok fazla kullanılmayan bu puan da +1 ile -1 arasında değişmektedir ve yüksek puanlar çocuğun çok bağımlı olduğu anlamına gelmektedir. Ölçeğin Türkçe formunun yönergesi, maddeleri ve açıklamaları Ek-II'de verilmektedir.

Geçerlik için Kullanılan Ölçekler

Çocuk Davranışları Kontrol Listesi (ÇDKL; Child Behavior Checklist)

Çocuk Davranışları Kontrol Listesi (ÇDKL) okul öncesi dönem çocuklarının sorunlu davranışlarını ölçmek amacıyla uygulanmıştır. Achenbach (1991) tarafından geliştirilen ve Türkçeye Erol ve Şimşek (1997) tarafından uyarlanan 105 maddeden oluşan Likert tipi ölçek, 3 derece (1 = doğru değil, 2 = Biraz ya da bazen doğru, 3 = çok ya da sıklıkla doğru) üzerinden değerlendirilmektedir. ÇDKL Türkçeye Erol ve Şimşek tarafından uyarlanmış, Ölçek Duygusal Tepkisellik, Kaygılı/Depresif, Bedensel Şikâyetler, İçekapanıklık, Dikkat Problemleri, Saldırgan Davranışlar ve Uyku Problemleri olmak üzere yedi alt ölçekten oluşmaktadır. Ayrıca alt boyutların toplanmasıyla "içselleştirme", "dışsallaştırma" ve "toplam problemler" olmak üzere üç genel boyutla da kullanılmaktadır. Buna göre, Duygusal Tepkisellik, Saldırgan Davranışlar ve Dikkat Problemleri alt boyutları toplanarak "dışsallaştırma"; Kaygılı/Depresif ve İçekapanıklık alt boyutları toplanarak "içselleştirme" boyutları oluşturulmaktadır. Okul öncesi örneklemde annelerden toplanan veriler temelinde Çocuk Davranışları Kontrol Listesi alt ölçeklerinin iç tutarlık katsayıları şu şekildedir: Duygusal Tepkisellik .79; Kaygılı/Depresif .70; Bedensel Şikâyetler .41; İçekapanıklık .52; Dikkat Problemleri .38, Saldırgan Davranışlar .73 ve Uyku Problemleri .74. ÇDKL, uygun boyutlar birleştirilerek içselleştirme (içe yönelim) ve dışsallaştırma (dışa yönelim) davranış problemleri olarak iki boyutlu veya bütün maddeleri içeren toplam puan elde edilerek tek boyutlu olarak da kullanılabilmektedir. Bu çalışmada içe yönelim alt boyutunun iç tutarlılık katsayısı .77, dışa yönelim alt boyutunun iç tutarlılık katsayısı da .86 olarak bulunmuşur.

Evlilik İçi İletişim Şekilleri Ölçeği (EİİŞÖ; Communication Patterns Questionnaire)

Christensen ve Sullaway (1984) ve Christensen (1988) tarafından geliştirilen Evlilik İçi İletişim Şekilleri Ölçeği (EİİŞÖ), toplam 35 maddeden oluşmaktadır. Maddelerin 9'u yapıcı iletişim (örn. "Her ikimiz de mümkün olan çözüm ve anlaşma yollarını ararız"), 12'si yapıcı olmayan iletişim (örn. "Eşim beni eleştirirken, ben kendimi savunurum"), 8'i saldırgan iletişim (örn. "Ben eşime kötü sözler söyler ve/veya hakaret ederim") ve 6'sı talep/kaçınma örüntülü iletişim (örn. "Eşim tehdit ederken, ben susar ve/veya geri çekilirim") olmak üzere evlilik içi iletişimin kalitesini dört boyutla ölçmektedir. Katılımcılardan, her bir maddenin kendileri ve eşleri arasındaki ilişkiyi ne oranda yansıttığını 5 dereceli Likert tipi bir ölçek üzerinden değerlendirmeleri istenmektedir (1 = hiç uymuyor, 2 = uymuyor, 3 = kararsızım/ fikrim yok, 4 = uyuyor, 5 = çok uyuyor).

Bu ölçeğin psikometrik özellikleri, yürütücülüğünü Prof. Dr. Nebi Sümer'in yaptığı "Anne-baba tutum ve davranışlarının çocuğun duygusal gelişimi üzerindeki etkileri" başlıklı ve BAP-2005-01-04-01 kodlu proje kapsamında anneler üzerinde sınanmıştır. Bu çalışmada, oblimin rotasyon yöntemi kullanılarak yapılan temel bileşenler analizi sonucunda (N =108), sözü geçen çalışmadaki ölçek yapısıyla benzer şekilde; toplamda varyansın sırasıyla yapıcı iletişim için %17.48'ini, yapıcı olmayan iletişim için %10.38'ini, saldırgan iletişim için %6.75'ini ve talep/kaçınma örüntülü iletişim için %6.38'ini açıklayan dört boyut elde edilmiştir. Ölçeğin Cronbach alfa iç tutarlık katsayısı yapıcı iletişim için .75, yapıcı olmayan iletişim için .72, saldırgan iletişim için .76 ve talep/kaçınma örüntülü iletişim için .53 olarak bulunmuştur.

Çocuğun Mizacı Ölçeği (ÇMÖ; EAS Temperament Survey for Children) Buss ve Plomin (1984) tarafından geliştirilen ÇMÖ, çocukların mizacını ölçmeyi amaçlayan 20 maddeden oluşmaktadır. Ölçekte duygusallık, hareketlilik ve sosyallik olmak üzere üç alt boyut bulunmaktadır. Duygusallık alt boyutu, çocuğun stres düzeyini, olumsuz duygu durumunu, tepkilerinin yoğunluğunu ve üzgün olma eğilimini ölçmektedir (örn. "Kolayca ağlar"). Hareketlilik alt boyutu, çocuğun motor davranışlardaki hareketliliği ve genel olarak ne düzeyde enerjik olduğunu ölçmektedir (örn. "Yerinde duramaz"). sosyallik alt boyutu ise çocuğun sosyal davranışlarını (örn. "Kolayca arkadaş edinir") ve utangaçlık düzeyini (örn. "Tanımadığı insanlara ısınması zaman alır") ölçmektedir. Ölçek orijinalinde anneler tarafından küçük çocuklar (7 yaş altı) için "şimdiki zaman" formatında uygulanmaktadır. Değerlendirmeler dört aralıklı ölçek üzerinden yapılmıştır (1 = hiçbir zaman, 2= bazen, 3=sık sık 4 = her zaman).

Geçmiş çalışmalarda ÇMÖ'nün Batı örneklemlerinde geçerli ve güvenilir bir ölçme aracı olduğu (örn. Buss ve Plomin, 1986; Hubert, Wachs, Peters-Martin, ve Gandour, 1982) ve ebeveyn algısının çocukların mizacını ölçmede geçerli bir yol olduğu gösterilmiştir (Slabach, Morrow, ve Wachs, 1991).Bu çalışmada Varimaks rotasyon yöntemi kullanılarak yapılan faktör analizi sonucunda orijinal ölçekte olduğu gibi üç alt boyut bulunmuştur. Sosyallik alt boyutu toplam varyansın %19.58'ini, duygusallık faktörü %16.64'ünü ve hareketlilik faktörü %8.64'ünü açıklamıştır. Ölçeğin Cronbach alfa iç tutarlık katsayıları duygusallık alt boyutunda .78, hareketlilik alt boyutunda .65 ve sosyallik alt boyutunda .61 olarak bulunmuştur.

İşlem

Bu bölüm, ADSS ve BDSS'nin çeviri süreci, pilot uygulama ve asıl uygulama olmak üzere üç alt başlık halinde ele alınmıştır.

Çeviri Süreci

Uyarlama çalışmasında öncelikle BDSS ve ADSS orijinal maddeleri İngilizceden Türkçeye projenin iki üyesi tarafından birbirinden bağımsız olarak çevrilmiştir. Daha sonra Türkçesine karar verilen maddelerin doğruluğunun teyidi için iki dile de hâkim bir klinik psikolog tarafından maddelerin geri çevirileri yapılmıştır. Geri çevirisi de tamamlanan 90 maddelik Bağlanma Davranışları Sınıflandırma Seti (BDSS) ve 90 maddelik Anne Davranışları Sınıflandırma Seti (ADSS), tüm proje ekibinin (üç öğretim üyesi, altı araştırma görevlisi) katıldığı seri toplantılarda çeviri ve geri çeviri açısından kontrol edilmiş, kültürel uygunluk ve anlaşılabilir olup olmama yönlerinden değerlendirilmiş ve maddelere son şekli verilmiştir. Aynı ekip, tüm yönerge ve kodlama materyallerini de Türkçeye çevirmiştir. Bağlanma ve ilgi-bakım konularında derinlemesine alanyazın taraması yapılarak bu ölçümlerin uygulanmasında izlenecek işlemler belirlenmiştir. BDSS ve ADSS'nin uygulanmasıyla ilgili eğitimlerin verilmesi sırasında kullanılmak üzere gerekli açıklamaların çevirisi ve uygulama sırasında ortaya çıkabilecek Türk kültürüne özgü durumlar tartışılarak uygulama kitapçığı hazırlanmıştır.

Çeviri sürecine özellikle ADSS ve BDSS gözlemlerini yapacak proje elemanları da katılmış ve böylece uygulama eğitimi esasen çeviri aşamasında başlatılmıştır. Gözlemciler hem gözlemleyecekleri davranış maddelerine hem de sınıflandırma tekniğine aşinalık kazanmışlar; uyarlama işlemi tamamlandıktan sonra pilot çalışma için eğitim almışlardır.

Ön Uygulama

Maddelerin daha iyi anlaşılması, maddelere aşinalık kazanılması ve gözlemciler arası tutarlığın sağlanabilmesi için iki bağımsız gözlemciden oluşan iki ekip tarafından ön çalışmalar yapılmıştır. BDSS ve ADSS eğitilmiş proje asistanları tarafından ailelere uygulanmış; 11 anne çocuk çiftiyle her biri 3-3,5 saat süren gözlemler yapılmıştır. Pilot çalışma sırasında her bir gözlem sonrasında gözlemci çiftler arasında ortaya çıkan anlaşmazlıklar derinlemesine tartışılarak madde kapsamları konusundaki yanlış anlamalar giderilmiş ve maddelerin ne ifade ettiği konusunda fikir birliğine varılmıştır. Bu gözlemlerin sekizincisinde belirlenen güvenirlik hedefine ulaşılmış gözlemciler arasındaki güvenirlik en az .70 olarak saptanmıştır. İki bağımsız gözlemci grubunun kendi içindeki uyum katsayıları BDSS (ilk grup için r_{ort} = .86; ikinci grup için r_{ort} =.83) ve ADSS için (iki grup için de r_{ort} = .81) tatminkâr düzeydedir.

Asıl Uygulama

Kartopu yöntemiyle ulaşılan anneleri, bu iş için eğitilmiş bir kadın araştırma asistanı telefonla arayarak uygulamalar hakkında kısaca bilgilendirmiş ve projeye katılmaları için davet etmiştir. Araştırmaya katılmayı kabul eden annelere görüşmenin ayrıntıları ve kendisinden nelerin talep edileceği önceden hazırlanmış olan standart bir telefon yönergesiyle bildirilmiş; ADSS ve BDSS gözlemleri için ziyaret randevuları alınmış, ailenin adres ve iletişim bilgileri bir forma işlenmiştir.

Ev ziyaretleri anne ve çocuğun evde yalnız oldukları, çocuğun da uyumadığı zamanlarda planlanmış ve gerçekleştirilmiştir. Ziyaretin başında gözlemciler anneyle tanışmışlar; anneler, çocuklarıyla her zamanki gibi etkileşimde bulunmaları ve normal aktivitelerini sürdürmeleri için teşvik edilmişlerdir. Ziyaret sırasında gözlemciler, anne veya çocukla herhangi bir etkileşimi başlatmamış, ancak anne ve çocuğun rahat olmasını sağlamak için onlardan gelen sözlere ve tekliflere karşılık vermişlerdir. Annenin herhangi bir sorusuna gözlemci, anne-çocuk etkileşiminin doğal akışını bozmayacak şekilde karşılık vermiştir.

Anne-çocuk ikilisinin ev ortamındaki gözlemleri, ilgili alanlarda yüksek lisans derecesine sahip ve uygulamalarla ilgili olarak eğitilmiş iki bağımsız gözlemciden oluşan iki ayrı gözlem-görüşme ekibi tarafından yapılmıştır. Dört kişiden oluşan gözlemcilerin ikisi Bağlanma Davranışları Sınıflandırma Seti'ni (BDSS) kullanarak çocuk davranışlarını, diğer ikisi ise, ayrı bir ziyaretle, Anne Davranışları Sınıflandırma Seti'ni (ADSS) kullanarak anne davranışlarını değerlendirmişlerdir. Gözlemlerin yarısında ilk ziyarette ADSS, ikinci gözlemde ise BDSS kullanılmıştır. Böylece her iki gözlemin sırası dengelenmiştir. Gözlemler her iki uygulama için de yaklaşık üç saat sürmüştür (BDSS: Ort= 2.95, S = .30, Ranj = 2s – 4s.10 dk; ADSS için: Ort= 2.96, S = .21, Ranj = 3 s – 3s.50 dk).

Anneler, araştırma kapsamında kendilerine verilen diğer ölçekleri (örn. demografik bilgiler, çocuğun mizacı, ÇDKL) son görüşmenin sonunda doldurmuşlardır. Eğitimi olmadığı için ölçekleri doldurmakta güçlük çeken iki anneye bir gözlemci yardımcı olmuştur. Gözlemler ortalama iki hafta arayla yapılmıştır (ranj= 7-21 gün). Bu görüşmeler için annelere 50 TL ödeme yapılmıştır. Tüm gözlemlerin 1/3'i öğleden önce (en erken 9.00'da başlamak üzere) geri kalanı ise öğleden sonra yapılmıştır (en geç 15.00). Gözlemlerin başlangıç zamanı duyarlıkla (p = .49) ve bağlanma güvenliği (p = .38) ile ilişkili değildir. ADSS ve BDSS gözlemleri için yapılan ziyaretler arasındaki süre, ortalama 16 gündür (S = 14.56). Ziyareti tamamladıktan hemen sonra laboratuvara dönen gözlemciler ADSS veya BDSS için değerlendirmelerini bu iş için geliştirilmiş bilgisayar programı yardımıyla yapmışlardır.

Bulgular

Betimleyici Analizler

Bu bölümde Bağlanma Davranışları Sınıflandırma Seti (BDSS) ve Anne Davranışları Sınıflandırma Seti (ADSS) maddelerinin genel örüntüsüne ilişkin istatistiksel bilgiler sunulmaktadır. Tüm maddelerin ortalama, mod, standart sapma ve ölçüm aralıkları verildikten sonra sırasıyla güvenli bağlanma gösteren bir çocuk ve duyarlı bir anne için *en betimleyici, en az betimleyici* ve *betimleyici olmayan* maddeler sunulmaktadır.

BDSS için sonuçlar

Yapılan gözlemler sonrasında iki gözlemci tarafından 1 ila 9 arasında sınıflandırılan maddelerin ortalamaları alınmış ve her gözlem için tek bir sonuç puanı elde edilmiştir. Buna göre, 9 üzerinden değerlendirilen BDSS maddelerinin ortalama puanlarının 2.30 ile 7.54 arasında değiştiği görülmüştür. Tüm maddelerin ayrıntılı betimleyici istatistikleri Tablo 2'de verilmiştir. Maddeler en yüksek puandan en düşük puana doğru sıralanmıştır.

TABLO 2. Bağlanma Davranışları Sınıflandırma Seti (BDSS) Maddelerinin
Betimleyici İstatistikleri
Ort = Ortalama; S = Standart Sapma; GÖA = Gözlenen Ölçüm Aralığı

BDSS MADDELERİ	ORT	MOD	S	GÖA
68. Genelde çocuk anneden daha hareketli bir yapıdadır.	7.53	7.5	1.24	3.5 – 9
53. Annesi onu kaldırıp kucağına aldığında çocuk kollarıyla annesini sarar veya ellerini omuzuna koyar.	7.41	9	1.71	1.5 – 9
48. Eğer isterlerse, çocuk, sahip olduğu şeyleri ilk defa karşılaştığı yetişkinlerin tutmasına veya onları paylaşmaya kolaylıkla izin verir.	7.31	9	2.34	1 – 9
45. Çocuk dans etmekten ve müziğe eşlik etmekten hoşlanır.	7.30	7	1.46	2.5 – 9
1. Çocuk, annesi isterse oyuncaklarını, eşyalarını ya da çeşitli şeyleri onunla kolaylıkla paylaşır veya tutmasına izin verir.	7.29	8.5	1.46	1 – 9
27. Annesi şakalaşıp takıldığında çocuk güler.	7.28	8.5	1.15	3.5 – 9
7. Çocuk hemen hemen herkesle birlikteyken kolaylıkla gülümser veya güler.	7.11	9	2.13	1.5 – 9
77. Anne çocuktan bir şey yapmasını istediğinde, çocuk annenin ne istediğini kolaylıkla anlar.	6.84	8	1.96	1 – 9
20. Çocuk birçok çarpma, düşme veya irkilmeyi göz ardı eder.	6.83	8	1.70	1 – 9
11. Çocuk annesi açıkça istekte bulunmadan veya çağırmadan da sıklıkla ona sarılır veya sokulur.	6.79	8.5	2.05	1 – 9
9. Çocuk çoğu zaman tasasız, neşeli ve oyuncudur.	6.79	8.5	1.92	2 – 9
44. Çocuk annesinin onu tutmasını, sarmasını ve kucaklamasını talep eder ve bunlardan hoşlanır.	6.70	8.5	2.03	1.5 – 9
37. Çocuk çok hareketlidir. Daima etrafta dolanır. Hareketli oyunları sakin oyunlara tercih eder.	6.68	8.5	2.29	1.5 – 9
85. Yeni oyuncaklar ve faaliyetler çocuğu çok çeker.	6.64	9	2.39	1 – 9
72. Eğer misafirler çocuğun yaptığı bir şeye güler veya onaylarlarsa, çocuk aynı şeyi tekrar tekrar yapar.	6.61	7.5	2.18	1.5 – 9

BDSS MADDELERİ	ORT	MOD	S	GÖA
21. Çocuk evde oynarken annesinin nerede olduğunu takip eder. Zaman zaman annesine seslenir; annesinin ne yaptığının, odadan odaya geçtiğinin farkındadır.	6.54	6	1.76	2.5 – 9
38. Çocuk, anneye karşı talepkâr ve sabırsızdır. Anne istediğini hemen yapmazsa çocuk ısrar eder ve mızmızlanır.	6.40	9	2.20	2 – 9
47. Anne gülümser ve bunun bir eğlence olduğunu hissettirirse, çocuk oyunda yüksek sesleri veya zıplatılıp hoplatılmayı kabul eder ve bunlardan hoşlanır.	6.38	5	1.43	4.5 – 9
57. Çocuk korkusuzdur.	6.31	8	1.81	1 – 9
74. Annesi çocuğun istediğini hemen yapmadığında, çocuk annesi bu isteğini hiç yerine getirmeyecekmiş gibi davranır.	6.23	8	2.13	1.5 – 9
89. Bir şeyle oynarken çocuğun yüz ifadeleri güçlü ve anlaşılırdır.	6.14	7.5	2.30	1 – 9
40. Çocuk, yeni nesneleri ve oyuncakları çok detaylı inceler. Onları parçalarına ayırmaya veya farklı şekillerde kullanmaya çalışır.	6.10	9	2.61	1 – 9
81. Çocuk annesine istediği şeyi yaptırabilmek için ağlar.	6.09	9	2.02	1 – 9
28. Çocuk annesinin kucağında rahatlamaktan hoşlanır.	6.08	9	2.36	1 – 9
42. Annesi üzgün olduğunda çocuk bunu fark eder. Kendisi de sessizleşir veya üzülür. Annesini rahatlatmaya çalışır. Ne olduğunu sorar, vb.	6.03	7	1.42	2.5 – 8
64. Çocuk annesiyle oyun oynarken onun üstüne tırmanmaktan ve sarmaş dolaş olmaktan hoşlanır.	5.96	7.5	2.05	1 – 9
76. Seçme şansı olduğunda çocuk, büyükler yerine oyuncaklarla oynar.	5.96	3	2.04	1.5 – 9
59. Çocuk bir faaliyeti veya bir oyuncakla oynamayı bitirdiğinde faaliyetler arasında annesine dönmeksizin genellikle yapacak başka bir şey bulur.	5.82	4.5	2.25	1.5 – 9
39. Çocuk, annesinden uzakta veya oyuncaklarıyla yalnız oynarken genellikle ciddi ve önemli bir iş yapıyormuş gibidir.	5.73	8.5	2.37	1 – 9

BDSS MADDELERİ	ORT	MOD	S	GÖA
41. Anne kendisini takip etmesini istediğinde çocuk denileni yapar.	5.71	5	1.62	1.5 – 9
23. Anne aileden birileriyle birlikteyken veya onlara ilgi ve sıcaklık gösterirken çocuk annenin ilgi ve sıcaklığını kendisine çekmeye çalışır.	5.62	7	1.74	2 – 8.5
36. Çocuk keşifleri için anneyi üs olarak kullandığını açıkça gösteren bir örüntü sergiler. Oynamak için uzaklaşır, geri döner veya annenin yanında oynar, tekrar uzaklaşır ve bu böyle sürer.	5.62	6	2.18	1 – 9
19. Çocuk, annesi bir şey getirmesini veya kendisine vermesini istediğinde söz dinler.	5.51	6.5	2.00	1 – 9
71. Korktuğunda veya huzursuzlandığında annesi onu kucağına alırsa çocuk ağlamayı keser veya çabucak yatışır.	5.51	5	1.80	1 – 9
62. Çocuk mutlu bir ruh halinde ise bütün gün mutlu kalır.	5.50	7	1.81	1 – 8.5
61. Anneyle sertçe oynar. Fiziksel oyunlar sırasında anneye vurur, onu tırmalar veya ısırır.	5.42	5	1.68	1.5-9
14. Çocuk oynayacağı yeni bir şey bulduğunda, onu annesine götürür veya odanın diğer ucundan annesine gösterir.	5.37	6.5	2.01	1 – 9
43. Çocuk, anneye yakın durur veya ona sık sık döner. Bu davranışlar annenin nerede olduğunu takip etmek için gerekenden daha sıktır.	5.25	3	2.20	1 – 9
13. Çocuk annesinin ayrılmasına üzüldüğünde, o gittikten sonra ağlamaya devam eder ve hatta öfkelenir.	5.19	5	0.71	4 – 9
49. Yeni birileri eve ziyarete geldiğinde çocuk utangaç bir gülümsemeyle annesine koşar.	5.12	5	1.30	1 – 8.5
78. Çocuk, ebeveynleri ve/veya büyükanne/büyükbabası dışındaki kişiler tarafından kucağa alınmaktan veya kucaklanmaktan hoşlanır.	5.11	8	2.61	1 – 9
87. Anne çocuğun yaptığı bir şeye güler veya onaylarsa, çocuk aynı şeyi tekrar tekrar yapar.	5.11	5	1.35	2.5 – 8.5
12. Çocuk ilk başta çekindiği veya onu korkutan kişi ve eşyalara hemen alışır.	5.11	5	2.36	1 – 9
35. Çocuk annesinden bağımsızdır. Kendi başına oynamayı tercih eder, oynamak istediğinde annesinden kolaylıkla ayrılır.	5.09	8.5	2.64	1 – 9

BDSS MADDELERİ	ORT	MOD	S	GÖA
50. Zamanla onlara ısınsa bile, misafirler geldiğinde çocuğun ilk tepkisi onları görmezden gelmek veya onlardan kaçmak olur.	5.09	1	3.13	1 – 9
18. Çocuk, annenin önerilerini emir şeklinde söylenmese bile kolayca yerine getirir.	4.97	5	1.85	1.5 – 9
66. Çocuk ona arkadaşça davranan yetişkin misafirlere kolayca ısınır.	4.91	1	2.85	1 – 9
3. Çocuk üzüldüğünde veya canı yandığında, annesinden başka yetişkinlerin de onu rahatlatmasına izin verir.	4.84	5	1.19	1 – 9
88. Bir şey huzurunu kaçırdığında çocuk olduğu yerde durur ve ağlar.	4.81	5	1.89	1 – 9
5. Çocuk eşyalardan çok insanlarla ilgilenir.	4.80	6	1.91	1 – 8
55. Çocuk annesinin birçok davranışını veya işleri nasıl yaptığını onu izleyerek taklit eder.	4.77	3,5	1.37	1.5 – 8
67. Eve misafir geldiğinde çocuk (onlardan) kendisine çok ilgi göstermelerini ister.	4.76	7	2.30	1 – 9
83. Çocuk sıkıldığında yapacak bir şeyler bulmak için annesinin yanına gider.	4.76	7	1.81	1 – 8.5
8. Ağladığında çok uzun ve bağırarak ağlar.	4.76	4.5	1.96	1 – 9
46. Çocuk çarpmadan, düşmeden ve sendelemeden etrafta yürür ve koşar.	4.66	1	2.87	1 – 9
86. Çocuk annesinin onu taklit etmesini sağlamaya çalışır veya annesi onu kendiliğinden taklit ettiğinde bunu hemen fark eder ve bu hoşuna gider.	4.57	4.5	1.27	2 – 8.5
22. Çocuk, oyuncak bebeklere, ev hayvanlarına ve bebeklere karşı sevecen bir ebeveyn gibi davranır.	4.51	5	1.98	1 – 9
82. Çocuk oyun vaktinin büyük bölümünü sadece sevdiği birkaç oyuncak veya faaliyetle geçirir.	4.51	2	2.38	1 – 9
60. Annesi ona "tamam" veya "bir şey olmaz" gibi sözlerle güven verdiğinde çocuk, başlangıçta onu korkutan veya tedirgin eden şeylere yaklaşır veya onlarla oynar.	4.48	5	1.29	1 – 7.5
51. Çocuk misafirlerle oynarken onların tepesine çıkmaktan hoşlanır.	4.48	4	2.31	1 – 9

BDSS MADDELERİ	ORT	MOD	S	GÖA
80. Bir şey tehdit edici veya tehlikeli göründüğünde çocuk annesinin yüz ifadesini iyi bir bilgi kaynağı olarak kullanır.	4.44	4.5	1.03	1.5 – 7
79. Çocuk en ufak şeyde annesine kızar, parlar.	4.44	3	2.27	1 – 9
34. Çocuk, annesi yanından ayrıldığı için üzüldüğünde, bulunduğu yere oturur ve ağlar. Annesinin arkasından gitmez.	4.37	5	1.22	1 – 8
69. Çocuk annesinden nadiren yardım ister.	4.37	2	2.33	1 – 8.5
15. Annesi ondan isterse, çocuk, yeni tanıdığı insanlarla konuşmaya isteklidir, onlara oyuncaklarını ve neler yapabildiğini gösterir.	4.33	1	2.56	1 – 8.5
17. Eğer yeni tanıdığı yetişkinler canını sıkan bir şey yaparsa, çocuk onlara olan ilgisini hemen kaybeder.	4.18	5	1.08	1 – 7.5
56. Bir faaliyet zor gibi göründüğünde çocuk ona karşı ilgisini kaybeder veya çekingenlik gösterir.	4.10	2.5	2.21	1 – 9
90. Anne çok uzağa giderse çocuk onu takip eder ve oyununa annenin gittiği yerde devam eder.	4.09	2.5	2.17	1 – 9
10. Annesi öğle uykusuna veya akşam yatmaya götürürken çocuk sıklıkla ağlar veya direnir.	4.04	3	1.60	1.5 – 7.5
29. Bazen çocuk bir şeye kendini o kadar çok kaptırır ki başkaları ona bir şey söylediğinde duymaz.	3.87	1.5	2.59	1 – 9
84. Çocuk evde temiz ve düzenli olmak için az da olsa çaba harcar.	3.86	2	2.01	1 – 9
16. Çocuk, bebek veya oyuncak hayvan gibi canlı şeylere benzeyen oyuncaklarla oynamayı tercih eder.	3.74	4.5	1.71	1 – 9
58. Çocuk eve gelen yetişkinleri büyük ölçüde gözardı eder. Kendi oyunlarını/faaliyetlerini daha ilginç bulur.	3.65	1	2.49	1 – 9
25. Annenin görüş alanının dışında oynarken çocuk kolayca annesinin gözünden kaçabilir.	3.60	4.5	1.75	1 – 8
26. Annesi çocuğu evde bebek bakıcısı, babası veya büyükanne/büyükbabasıyla bıraktığında çocuk ağlar.	3.60	3	1.47	2 – 8

BDSS MADDELERİ	ORT	MOD	S	GÖA
73. Çocuğun beraberinde taşıdığı, yatağa götürdüğü veya keyfi kaçtığında sarılabildiği yumuşak bir oyuncağı (oyuncak ayı, bebek, vb.) veya bir battaniyesi vardır.	3.59	2.5	1.85	1.5 – 9
65. Annesi onu bir faaliyetten başka bir faaliyete yönlendirdiğinde çocuğun hemen keyfi kaçar, huzursuzlanır.	3.46	2.5	1.77	1 – 8
24. Anne çok kararlı konuştuğunda veya ona karşı sesini yükselttiğinde, çocuk annesini mutsuz ettiği için üzülür, keyfi kaçar veya utanır.	3.43	4	1.44	1 – 7.75
52. Çocuk küçük nesnelerle uğraşmakta veya onları bir araya getirmekte güçlük çeker.	3.30	2	1.92	1 – 9
30. Çocuk oyuncaklarına çok çabuk kızar.	3.26	2.5	1.99	1 – 9
32. Anne hayır dediğinde veya cezalandırdığında çocuk istenmeyen davranışı bırakır.	3.17	1	1.86	1 – 8.5
4. Çocuk oyuncaklara ve ev hayvanlarına karşı dikkatli ve naziktir.	3.16	1.5	1.77	1 – 8.5
31. Çocuk annesinin ilgi odağı olmak ister. Anne meşgulse veya başka biriyle konuşuyorsa araya girer.	3.12	1.5	2.02	1 – 9
63. Kendi başına bir şeyi denemeden önce, çocuk kendisine yardımcı olacak birini arar.	3.02	1	2.01	1 – 9
70. Annesi odaya girdiğinde çocuk onu hemen kocaman bir gülümsemeyle karşılar.	2.75	1.5	1.78	1 – 9
2. Çocuk oyundan sonra annesine döndüğünde bazen belirgin bir neden yokken huysuzlanır.	2.58	1	1.71	1 – 8
33. Çocuk bazen annesine kucaktan inmek istediğini hissettirir; bırakıldığında ise huysuzlanır veya tekrar kucağa alınmak ister.	2.36	1.5	1.34	1 – 6.5
54. Anne sadece yardım etmeye çalışırken çocuk annesi işini bozacakmış gibi davranır.	2.28	1	1.41	1 – 7
75. Evde, annesi odanın dışına çıktığında çocuk huzursuzlanır veya ağlar.	2.22	1.5	1.69	1 – 8.5
6. Çocuk annesinin yanındayken oynamak istediği bir şey gördüğünde mızırdanır veya annesini o yöne çekiştirir.	2.09	1	1.51	1 – 9

Yukarıda açıklandığı gibi BDSS ve ADSS puanları -1 ile +1 arasında değişmektedir ve yüksek puanlar güvenli bağlanma, yüksek bağımlılık ve yüksek duyarlığa karşılık gelmektedir. Çocukların bağlanma puanlarının ortalaması .23 (*S* =.19); bağımlılık puanı ortalaması ise -.06 (*S* =.20) olarak bulunmuştur. Annelerin ortalama duyarlık puanı .54 (*S* =.24)'tür.

Bağlanma puanı, 12-18 aylık çocuklar için .22 (*n* = 26); 19-24 aylık çocuklar için .19 (n = 20) ve 24 aydan büyük çocuklar için .26 (*n* = 39) olarak bulunmuştur. Yirmi beş aydan büyük çocuklar görece daha güvenli bağlanma göstermesine karşın üç grup arasındaki farklılık istatistiksel olarak anlamlı değildir.

Bağımlılık puanları ise sırasıyla .01, -.10 ve -.08'dir ve gruplar arasındaki farklılık anlamlı değildir. Bu üç yaş grubundaki çocukların annelerinin duyarlık puanları da sırasıyla, .59, .54 ve .51 olarak bulunmuştur. Aralarındaki farklılık anlamlı değildir. Kız ve erkek çocukları arasında her üç değişkende de anlamlı farklılık yoktur.

Annelerin eğitim düzeyi göz önüne alındığında, ilkokul mezunu annelerin çocuklarının bağlanma puanı ortalamasının (*Ort* = .15, *n* = 27), ortaokul/ lise mezunu (*Ort* = .26, *n* = 39) ve üniversite mezunu annelerin çocuklarının bağlanma puanı ortalamalarından (*Ort* = .27, *n* = 19) anlamlı olarak daha düşük olduğu görülmüştür (*F* (2,82) = 4.16, *p*<.05) . Anne eğitim düzeyine göre bağımlılık puanları sırasıyla .01, -.10 ve -.08'dir ve gruplar arasındaki farklılık anlamlı değildir. Son olarak, anne eğitim düzeyine göre duyarlık puanı ortalamaları ilkokul mezunu anneler için .56, ortaokul ve lise mezunu anneler için .50 ve üniversite mezunu anneler için .61 olarak bulunmuştur. Üniversite mezunu annelerde duyarlık ortalaması görece yüksek olmasına karşın gruplar arasındaki farklılık anlamlı değildir (bkz. Tablo 3).

TABLO 3. Bağlanma Güvenliği ve Bağımlılık Puanlarının Çocuğun Yaşı ve Annenin Eğitimine Göre Dağılımı

Çocuğun yaşı	BAĞLANMA GÜVENLİĞİ				BAĞIMLILIK			ANNE DUYARLIĞI		
	N	Ort.	S	GOA	Ort.	S	GOA	Ort.	S	GOA
18 ay ve küçük	26	.20	.22	-.27;.55	-.02	.21	-.40;.40	.59	.25	-.33;.81
19-24 ay	20	.19	.20	-.24;.54	-.07	.21	-.47;.33	.54	.23	-.13;.79
25 ay ve büyük	39	.26	.16	-.06;.57	-.08	.19	-.55;.26	.51	.26	-.17;.84
Annenin eğitimi										
İlkokul	27	.14	.19	-.24;.49	.01	.19	-.40;.40	.56	.23	-.33;.79
Orta-lise	39	.26	.18	-.27;.57	-.10	.19	-.55;.35	.50	.27	-.17;.84
Üniversite	19	.27	.16	-.02;.55	-.09	.22	-.47;.26	.61	.20	.12;.81

BDSS maddelerinin ortalamaları temel alınarak yapılan sıralamada en betimleyici ve en az betimleyici olan on madde Tablo 4'te sunulmuştur. Buna göre, en sık gözlemlenen çocuk davranışlarının olumlu, uyumlu ve hareketli davranışlar olduğu görülmüştür. Bunun yanında, huzursuz, ağlayan ve işbirlikçi olmayan davranışlar en az sıklıkla gözlemlenen çocuk davranışlarıdır.

TABLO 4. Bağlanma Davranışları Sınıflandırma Setindeki en fazla ve en az Betimleyici Maddeler

EN BETİMLEYİCİ ÇOCUK DAVRANIŞLARI	ORT
68. Genelde çocuk anneden daha hareketli bir yapıdadır	7.53
53. Annesi onu kaldırıp kucağına aldığında çocuk kollarıyla annesini sarar veya ellerini omuzuna koyar.	7.41
48. Eğer isterlerse, çocuk ilk defa karşılaştığı yetişkinlerin, sahip olduğu şeyleri tutmasına veya onları paylaşmasına kolaylıkla izin verir.	7.31
45. Çocuk dans etmekten ve müziğe eşlik etmekten hoşlanır.	7.30
1. Çocuk, annesi isterse oyuncaklarını, eşyalarını ya da çeşitli şeyleri onunla kolaylıkla paylaşır veya tutmasına izin verir.	7.29
27. Annesi şakalaşıp takıldığında çocuk güler.	7.28
7. Çocuk hemen hemen herkesle birlikteyken kolaylıkla gülümser veya güler.	7.11
77. Anne çocuktan bir şey yapmasını istediğinde, çocuk annenin ne istediğini kolaylıkla anlar.	6.84
20. Çocuk birçok ürkme, çarpma veya düşmeyi göz ardı eder.	6.83
11. Çocuk annesi açıkça istekte bulunmadan veya çağırmadan da sıklıkla ona sarılır veya sokulur.	6.79
EN AZ BETİMLEYİCİ ÇOCUK DAVRANIŞLARI	
32. Anne hayır dediğinde veya cezalandırdığında çocuk istenmeyen davranışı bırakır.	3.17
4. Çocuk oyuncaklara ve ev hayvanlarına karşı dikkatli ve naziktir.	3.16
31. Çocuk annesinin ilgi odağı olmak ister. Anne meşgulse veya başka biriyle konuşuyorsa araya girer.	3.12
63. Kendi başına bir şeyi denemeden önce, çocuk ona yardımcı olacak birini arar.	3.02
70. Annesi odaya girdiğinde çocuk onu hemen kocaman bir gülümsemeyle karşılar.	2.75
2. Çocuk oyundan sonra annesine döndüğünde bazen belirgin bir neden yokken huysuzlanır.	2.58
33. Çocuk bazen annesine kucaktan inmek istediğini hissettirir; bırakıldığında ise huysuzlanır veya tekrar kucağa alınmak ister.	2.36
54. Anne sadece yardım etmeye çalışırken çocuk annesi işini bozacakmış gibi davranır.	2.28
75. Evde, annesi odanın dışına çıktığında çocuk huzursuzlanır veya ağlar.	2.22
6. Çocuk annesinin yanındayken oynamak istediği bir şey gördüğünde mızırdanır veya annesini o yöne çekiştirir.	2.09

ADSS için sonuçlar

ADSS maddeleri için betimleyici istatistikler Tablo 5'te; ortalamalar temel alınarak yapılan sıralamada en betimleyici 10 ve en az betimleyici 10 ADSS maddesi ise Tablo 6'da sunulmuştur. Buna göre, en sık gözlemlenen anne davranışlarının, çocuğu fark eden ve ihtiyaçlarına karşılık veren, çocuğu teşvik eden ve çocukla iletişimi içeren davranışlar olduğu görülmüştür. Çocuğa karşı tepkisiz, kendini kapatan, çocuğun ihtiyaçlarını göz ardı eden ve bu ihtiyaçlar karşısında bunalan anne davranışlarının görülme sıklığı ise düşüktür. Orta düzeyde betimleyici anne davranışlarına bakıldığında ise, bir tane dolgu maddesinin dışında diğer maddelerin anne duyarlığı açısından önemli maddeler olduğu görülmüştür. Bu durum ADSS içinde sadece bir tane dolgu maddesi olması ve bu nedenle diğer maddelerin orta kümelerde değerlendirilmesi ile açıklanabilmektedir.

TABLO 5. Anne Davranışları Sınıflandırma Seti (ADSS) Maddeleri için Betimleyici İstatistikler

ADSS MADDELERİ	ORT	MOD	SS	GÖA
65. B'nin verdiği işaretlere (ihtiyaçlarına) cevap verir.	8.26	9	.90	4–9
77. Ziyaret boyunca B ile konuşur; sesler çıkarır.	8.01	9	1.42	1.5–9
72. B gülümsediğinde ve sesler çıkardığında fark eder.	7.99	8.5	1.11	3–9
51. Yaşına uygun oyuncaklar verir.	7.92	9	1.46	1.5–9
6. B'nin ziyaretçilerle etkileşime girmesini destekler.	7.79	9	1.32	3.5–9
48. B'nin çevresindeki ilginç şeyleri gösterir ve tanıtır.	7.79	8.5	1.15	3–9
46. Kucağına aldığında B'yi vücuduyla uyum içinde sarar. Orta: Bebek anne tarafından kucağa alınmıyorsa.	7.65	8.5	1.18	5–9
50. B için ilgi çekici fiziksel ortamlar yaratır.	7.59	8	1.36	1–9
38. Atıştıracak besleyici şeyler verir.	7.58	9	1.38	2–9
45. B'ye takdirini gösterir.	7.44	8	1.42	2–9
81. B'ye olumlu duygularını kendiliğinden (spontan olarak) gösterir.	7.21	9	1.78	1.5–9

ADSS MADDELERİ	ORT	MOD	SS	GÖA
39. B'yle etkileşim sırasında öğreticidir.	7.19	9	1.66	1.5-9
47. Sevgisini dokunarak, okşayarak gösterir. Orta: Sevgi ifadesi yoktur. Düşük: Sevgisini fiziksel olmayan biçimlerde ifade eder.	7.12	7.5	1.62	2.5-9
69. B sıkıntılı olduğunda fark eder (örn. ağladığında, huysuzlandığında veya sızlandığında)	7.03	8	1.19	5-9
10. Doğrudan B'ye konuşur.	7.00	7.5	1.04	2.5-9
58. Çevreyi düzenlerken B'nin ihtiyaçlarını göz önüne alır.	6.92	7.5	1.32	2.5-9
52. Sözlü yasaklamalar kullanır ("Hayır" veya "Yapma" gibi).	6.69	9	1.79	2.5-9
24. Yerini B'yi görebileceği/duyabileceği bir şekilde ayarlar.	6.66	7.5	1.20	2.5-9
23. B'nin kendisine istediği zaman ulaşabileceği bir ortam sağlar.	6.65	7.5	1.59	2-9
2. Ziyaret süresince B'nin ne yaptığını yakından izler.	6.60	7	1.71	1.5-9
40. B'nin kendi başına yeme girişimlerini teşvik eder.	6.52	9	2.02	1-9
27. Ziyaretçiyle sohbet gibi başka faaliyetlerde bulunurken bile B'nin stres içeren ve içermeyen tüm işaretlerine cevap verir.	6.46	7.5	1.63	1.5-9
76. B'yi yatıştırmak için yakın fiziksel temas kullanır.	6.44	5	1.46	4-9
55. Bir birey olarak B'ye saygı duyar; yani kendi arzularıyla uyuşmasa bile B'nin davranışını kabul edebilir.	6.36	7	1.55	2.5-8.5
57. B'yle etkileşimden keyif aldığı belli olur.	6.30	5	1.96	1-9
68. B'nin tepkilerinden anlaşıldığı gibi etkileşimler uygun düzeyde heyecan verici ve güçlüdür.	6.24	7	2.06	1-9
75. Çevreyi tek başına keşfetmesi için B'yi teşvik eder.	6.22	7	1.65	1-9
78. B ile sosyal/etkileşimsel oyunlar oynar.	6.21	9	2.57	1-9
26. Ağlamalara/sızlanmalara anında cevap verir.	6.19	5	1.62	2.5-9
36. B için tehlike yaratabilecek aktiviteleri durdurur.	6.04	5.5	1.50	1-9

ADSS MADDELERİ	ORT	MOD	SS	GÖA
89. A'nın müdahaleleri B'yi tatmin eder.	6.02	5.5	1.50	1 – 8.5
43. B'yle etkileşim sırasında canlıdır (canlandırmalar, taklitler yapar).	6.02	6.5	2.42	1–9
62. B'nin tepkilerinden de anlaşıldığı gibi. B'nin ipuçlarını doğru yorumlar.	5.94	6.5	1.53	1– 8.5
59. Uygun faaliyetlerini kesmez; bunlara devam etmesine izin verir.	5.86	7.5	1.93	1–9
49. B'yle etkileşim için isteklidir; fırsat kollar.	5.83	9	2.46	1–9
44. B'nin kendi duygulanımlarını kontrolü konusundaki beklentileri gerçekçidir.	5.68	5	1.51	2–8.5
29. B stres altında olduğunda A bunun neden kaynaklandığını anlayabilir.	5.66	5.5	1.41	1–9
53. Etkileşimler sırasında yavaşlayıp B'nin tepkisini bekler.	5.62	5	1.53	2–8
35. B'yle olan etkileşim iyi sonuçlanır. B tatmin olduğunda etkileşim sonlanır.	5.49	6	1.79	1–9
20. B'nin sıkıntı ve rahatsızlık işaretlerine doğru ve yerinde karşılık verir.	5.46	5	1.58	1–9
14. Ziyaretçiyle konuşmak veya başka bir şey yapmak için B'yle etkileşimini pat diye keser.	5.45	4.5	1.79	1.5–9
71. B'nin odaklandığı şey etrafında etkileşimi sürdürür.	5.42	6	1.75	1.5– 8.5
11. B'ye bir nesnenin veya aktivitenin adını veya anlamını öğretiyormuş gibi kelimeleri dikkatle ve yavaşça tekrarlar.	5.38	5	1.58	2–9
41. B'yle olan etkileşimlerinde nesneleri (oyuncak, yemek vb.) aracı olarak kullanır.	5.35	3.5	1.79	2–8.5
34. Etkileşimler bebeğin tempo su ve o anki durumuna göre şekillenir.	5.28	5	1.80	1.5– 8.5
28. Uygun olmayan bir faaliyetten dikkatini uzaklaştırmak için B'ye kabul edebileceği bir seçenek sunar.	5.25	5	1.62	1-8.5
30. B'yle etkileşimi daha çok aktif fiziksel manipülasyonlar içerir.	5.05	7	2.61	1–9
17. Etkileşimin içeriği ve hızı B'nin tepkilerinden ziyade A tarafından belirlenir.	4.94	4.5	1.72	1.5– 8.5

ADSS MADDELERİ	ORT	MOD	SS	GÖA
13. B'yi oyalamak için kardeşlerini veya televizyonu kullanır.	4.92	4.5	1.54	1–8.5
8. Odadan ayrılırken B'ye gittiğini belli eder veya açıklama yapar.	4.78	3.5	2.16	1–9
32. Etkileşimler B ile senkronize değildir. Yani A'nın davranışını zamanlaması B'nin davranışıyla tutmaz.	4.69	3	1.76	2–9
73. B'ye sinirlendiğinde etkileşimi keser veya B'yle etkileşimden uzak durur.	4.66	5	1.18	1.5–9
85. B ile etkileşimleri tamamlanmadan sona erer.	4.59	3	1.86	1.5–9
54. Etkileşimi/teması devam ettirmek için B'yle dalga geçer.	4.58	3.5	1.49	1.5–8.5
64. Odaya tekrar girdiğinde B'yi selamlar.	4.51	5	1.29	1–7
33. Bebeğin ihtiyacına cevap verebilecek en iyi yöntemi bulmak için bir dizi müdahalede bulunur; deneme-yanılma yöntemine başvurur.	4.46	4	1.53	1.5–8.5
16. Etkileşim sırasında B'nin yavaşlama veya faaliyeti bitirme isteğini belirten işaretlerini kaçırır.	4.46	4	1.55	1.5–9
15. B'ye becerebileceğinin üzerinde oyun veya faaliyetleri yaptırmaya çalışır.	4.31	3	1.42	1–8
12. Uyku saatleri B'nin o anki ihtiyacından ziyade A'nın düzenine göre belirlenir.	4.28	5	1.31	1.5–7.5
56. B'nin bakımıyla ilgili pek çok "-meli. -malı"ları ya da kalıpları vardır. Rutinlere sıkı sıkıya bağlıdır.	4.08	4	1.30	1.5–9
37. B'nin üzerini batırma olasılığı varsa uygun aktivitede bile müdahale eder.	4.04	5	1.86	1–8.5
84. A'nın gösterdiği duygu B'nin gösterdiği duygu ile uyumsuzdur, örtüşmez (örn. B stresliyken A güler).	4.02	3	1.66	1.5–9
1. Etkileşime katkıda bulunması için B'ye pek fırsat tanımaz.	4.02	2.5	1.81	1.5–8.5
80. B kendisiyle işbirliği yapmadığı zaman rahatsız olur.	3.69	3	1.71	1–8
67. Sadece sık ve uzun süren veya şiddetli sıkıntılara tepki verir.	3.53	4	1.28	1–7.5
19. B huysuzlandığında onu başka bir odaya götürür.	3.53	4.5	1.17	1–8

ADSS MADDELERİ	ORT	MOD	SS	GÖA
82. Yakınında olduğunda B'nin hareketlerini fiziksel olarak kısıtlar.	3.52	2.5	1.56	1-8
25. Dikkatini aynı anda hem B'ye hem de diğer işlere vermeyi beceremediği için B'nin ipuçlarını kaçırır.	3.45	3	1.44	1-9
4. Ziyaretçilerle ilgilenirken B'nin ne yaptığının farkında olmaz.	3.42	2.5	1.64	1-9
63. Sıkıntısının farkında olduğunu B'ye hissettirir ama müdahale etmez.	3.38	2.5	1.47	1-7
7. Dolaştırırken veya duruşunu düzeltirken B'ye cansız bir nesneymiş gibi davranır.	3.11	2	1.81	1-8.5
31. Pürüzsüz bir etkileşim sağlayacak bir geçiş süresi olmaksızın, B'nin yakınlık ve/veya temas arayışlarını başka bir şeye yönlendirir.	3.08	2.5	1.76	1-8.5
86. B tatmin olmadan fiziksel teması keser.	2.99	2	1.76	1-9
74. B'nin keşif davranışları konusunda kaygılıdır (örn. sürekli başında dikilir).	2.91	3	1.41	1-8.5
42. Sevgi ifadeleri genelde başa kondurulan üstünkörü ve mekanik öpücüklerle sınırlıdır.	2.85	1	1.69	1-7.5
90. B ile etkileşim sırasında cezalandırıcı veya karşılık vericidir.	2.82	1.5	1.89	1-8.5
83. B ile etkileşimi sırasında uzak; ilgisiz.	2.68	1	2.08	1-8.5
60. B'yi azarlar veya eleştirir.	2.68	1.5	1.76	1-9
3. A'nın tepkileri tutarsızdır; kestirilemez. Düşük: Tutarlı olarak aynı şekilde tepki verir.	2.63	2	1.47	1-8
88. B ile etkileşimlerinde çatışma hâkimdir.	2.54	1.5	1.68	1-9
79. B'nin istekleri A'yı strese sokar.	2.51	1	1.58	1-8
87. B'nin arzularına bilfiil karşı çıkar.	2.35	2	.93	1-5.5
61. B'nin fiziksel temas veya yakınlık isteğinden rahatsız olur.	2.29	1	1.61	1-8
5. B ile yakın etkileşim sırasında acemice ve tedirgin davranışlar gösterir.	2.23	1	1.45	1-7.5
70. A'nın tepkileri gecikmeli olduğundan B annesinin tepkisiyle onu doğuran hareket arasında bağlantı kuramaz.	2.21	2	.98	1-9
18. Evin bebekli bir ev olduğuna dair çok az işaret vardır.	2.15	1	1.07	1-5.5

ADSS MADDELERİ	ORT	MOD	SS	GÖA
22. B'ye karşı kendini kapatır ve onun ilgi taleplerini fark etmez.	1.96	1	1.40	1–7.5
21. B'nin bakım ihtiyaçları karşısında bunalır.	1.95	1	.97	1–5.5
9. Olumlu işaretleri (sesler çıkarma, gülücükler, uzanmalar gibi) gözardı eder.	1.94	1.5	1.20	1–7
66. Mütemadiyen tepkisizdir.	1.58	1	.79	1–5

TABLO 6. Anne Davranışları Sınıflandırma Setindeki Betimleyici Maddeler

EN BETİMLEYİCİ ANNE DAVRANIŞLARI	ORT
65. B'nin verdiği işaretlere (ihtiyaçlarına) cevap verir.	8.26
72. B gülümsediğinde ve sesler çıkardığında fark eder.	7.99
51. Yaşına uygun oyuncaklar verir.	7.92
6. B'nin ziyaretçilerle etkileşime girmesini destekler.	7.79
48. B'nin çevresindeki ilginç şeyleri gösterir ve tanıtır.	7.79
46. Kucağına aldığında B'yi vücuduyla uyum içinde sarar. Orta: Bebek anne tarafından kucağa alınmıyorsa.	7.65
50. B için ilgi çekici fiziksel ortamlar yaratır.	7.59
38. Atıştıracak besleyici şeyler verir.	7.58
45. B'ye takdirini gösterir.	7.44
39. B'yle etkileşim sırasında öğreticidir.	7.19
EN AZ BETİMLEYİCİ ANNE DAVRANIŞLARI	
79. B'nin istekleri A'yı strese sokar.	2.51
87. B'nin arzularına bilfiil karşı çıkar.	2.35
61. B'nin fiziksel temas veya yakınlık isteğinden rahatsız olur.	2.29
5. B ile yakın etkileşim sırasında acemice ve tedirgin davranışlar gösterir.	2.23
70. A'nın tepkileri gecikmeli olduğundan B annesinin tepkisiyle onu doğuran hareket arasında bağlantı kuramaz.	2.21
18. Evin bebekli bir ev olduğuna dair çok az işaret vardır.	2.15
22. B'ye karşı kendini kapatır ve onun ilgi taleplerini fark etmez.	1.96
21. B'nin bakım ihtiyaçları karşısında bunalır.	1.95
9. Olumlu işaretleri (sesler çıkarma, gülücükler, uzanmalar gibi) göz ardı eder.	1.94
66. Mütemadiyen tepkisizdir.	1.58

Türk kültüründeki anne davranışlarının genel profilini daha iyi anlamak için Bailey, Waters, Pederson ve Moran'ın (1999) önerdikleri yol izlenmiş ve "PQMethod" programı kullanılarak faktör analizi uygulanmıştır. Analiz sonuçlarına göre çalışmaya katılan anneler "duyarlı/duyarsız" ve "uyumlu/uyumsuz" olmak üzere iki grupta toplanmıştır. "Duyarlı/duyarsız" grubunda yer alan annelerin genel olarak çocuklarının ihtiyaçlarını fark ettikleri, onlara cevap verdikleri, soğuk ve ilgisiz davranmaktan kaçındıkları görülmüştür. "Uyumlu/uyumsuz" grubunda yer alan annelerin ise çocuklarıyla olan etkileşimlerinde sınırlayıcı ve etkileşimin hızı ve içeriği konusunda müdahaleci oldukları görülmüştür (Ayrıntılı bilgi için bkz. Salman, Selçuk, Berument, Sümer, Doğruyol, 2008).

Temel Değişkenler Arasındaki İlişkiler

Bu bölümde temel değişkenler olan çocuğun güvenli bağlanması ve anne duyarlığının demografik (çocuğun ve annenin yaşı, anne eğitim düzeyi ve çocuğun cinsiyeti), çocuğa ait sonuç (mizaç ve çocuğun davranış problemleri) ve aileyle ilgili değişkenlerle (evlilik içi iletişim, evlilik doyumu) olan korelasyonları ayrıntılı olarak ele alınmıştır.

TABLO. 7. Temel Değişkenlerin Ortalamaları, Anne Duyarlığı ve Güvenli Bağlanma ile Korelasyonları.

	ORT.	SS	ANNE DUYARLIĞI	GÜVENLİ BAĞLANMA
ADSS Anne Duyarlığı	.54	.25		.29**
BDSS Güvenli Bağlanma	.23	.19		
BDSS Bağımlılık	-.06	.20	.05	-.05
Çocuğun Cinsiyeti (E=1, K=2)			.01	.05
Çocuğun Yaşı (ay)	26.29	10.69	-.22*	.09
Annenin Yaşı	30.04	5.26	.02	.10
Anne Eğitim Düzeyi	3.70	1.56	.06	.30*
Mizaç / Sosyallik	2.99	.58	.22*	.13
Mizaç / Negatif duygusallık	2.34	.50	-.21*	-.24*
Mizaç / Hareketlilik	2.97	.59	-.17	-.03

	ORT.	SS	ANNE DUYARLIĞI	GÜVENLİ BAĞLANMA
Yapıcı İletişim	3.67	.72	-.06	.14
Yapıcı Olmayan İletişim	3.19	.67	-.22*	-.13
Saldırgan İletişim	2.02	.73	-.23*	-.30**
Talep / Kaçınma Örüntüsü	2.42	.71	-.03	-.04
Evlilik doyumu	4.12	1.01	.36***	.11
ÇDKL İçeyönelim	1.42	.26	.06	-.31**
ÇDKL Dışayönelim	1.67	.25	-.14	-.19†

†=.08, * p<.05, **p<.01, ***p<.001

Anne Duyarlığı ile Güvenli Bağlanma Arasındaki İlişki

BDSS ile ölçülen güvenli bağlanma düzeyi ile ADSS ile ölçülen anne duyarlığının yakından ilişkili oldukları bulunmuştur. Bu ilişkinin genel örüntüsü farklı korelasyon analizleri ile ayrıntılı olarak irdelenmiştir. Anne duyarlığı ve güvenli bağlanma değişkenleri arasındaki ilişki basit Pearson korelasyonu ile hesaplandığında, beklendiği gibi anne duyarlığı ile güvenli bağlanma arasında .29 ($p <$. 01) düzeyinde anlamlı ilişki bulunmuştur. Çocuğun cinsiyeti ve yaşı kısmi korelasyonla kontrol edildiğinde bu ilişki .30'a ($p <$. 01) yükselmektedir. Anne duyarlığı değişkeni olumsuz yönde anlamlı olarak yatık olduğundan bu durumdaki değişkenler arasındaki ilişkiyi hesaplamakta kullanılması önerilen Spearman rho korelasyonu kullanılarak da korelasyon hesaplanmıştır. Bu durumda duyarlık ile bağlanma arasındaki ilişkinin .32 ($p <$. 01) olduğu gözlenmiştir.

Anne Duyarlığı ve Güvenli Bağlanma ile Diğer Değişkenler Arasındaki İlişkiler

Tablo 7'de görüldüğü gibi anne duyarlığı ve çocuk bağlanma düzeyi çocuğun cinsiyeti ve annenin yaşı ile anlamlı olarak ilişkili değildir. Ancak, çocuk yaş grupları arasında anlamlı fark olmamasına karşın, yaş sürekli değişken olarak incelendiğinde anne duyarlığı ile çocuğun yaşı arasında olumsuz yönde anlamlı ilişki olduğu bulunmuştur ($r = -.22$, p < .05). Bu görece büyük çocukların annelerinin daha düşük duyarlık gösterdikleri anlamına gelmektedir. Anne eğitim düzeyi ile anne duyarlığı arasında ilişki bulunmazken, çocukların güvenli bağlanması ile anne eğitim düzeyi arasında pozitif yönde anlamlı ilişki görülmüştür ($r = .30$, $p < .01$). Anne eğitim düzeyi arttıkça çocukların daha yüksek düzeyde güvenli bağlanma gösterdikleri bulunmuştur.

Annenin evlilik doyumu ile anne duyarlığı arasında ($r = .36$, $p < .05$) pozitif yönde güçlü bir ilişki bulunmuş, ancak güvenli bağlanma ile evlilik doyumu arasında bir ilişki görülmemiştir. Annenin evlilik doyumu arttıkça çocuğuna gösterdiği duyarlı ebeveyn özelliği de artmaktadır. Evlilikte eşler arası ilişki kalitesine yönelik ölçüm sonuçları dört alt boyuttan yapıcı olmayan ve saldırgan iletişim alt boyutlarının, beklenebileceği gibi anne duyarlığı ile anlamlı düzeyde ve negatif yönde ilişki gösterdiği; saldırgan iletişim tarzının aynı zamanda çocukların güvenli bağlanma düzeyi ile de negatif yönde ilişkili olduğu bulunmuştur. Bu bulgular, eşler arasındaki evlilik kalitesinin hem anne duyarlığını hem de çocukların güvenli bağlanma düzeyini etkilediğine işaret etmektedir.

Çocuğun mizaç özelliklerinden sosyallik ile anne duyarlığı arasında ($r = .22$, $p < .05$) pozitif yönde bir ilişki bulunurken, negatif duygusallığın hem anne duyarlığı ($r = -.21$, $p < .05$) hem de güvenli bağlanma ($r = -.24$, $p < .05$) ile negatif yönde ilişkili olduğu görülmüştür. Çocukların Çocuk Davranışlarını Değerlendirme Ölçeği (ÇDDÖ) ile ölçülen içe yönelim problemlerinin güvenli bağlanma ($r = -.31$, $p < .01$) ile negatif yönde güçlü bir şekilde ilişkili olduğu görülmüştür. Dışa yönelim problemlerinin ise güvenli bağlanma ile marjinal düzeyde ve negatif yönde ($r = -.19$, $p = .08$) ilişkili olduğu bulunmuştur.

Mizaç Özelliklerinin Anne Duyarlığı ve Bağlanmayı Yordaması

Çocuğun mizaç özellikleri ile anne duyarlığı arasındaki ilişkiye regresyon analizi ile bakıldığında, ($R^2 = .20$, $F(6,78) = 3.3$, $p < .006$), çocuğun hareketliliği ($\beta = -.28$) anne duyarlığını olumsuz yönde, sosyal olması ($\beta = .35$) ise pozitif yönde yordamıştır. Çocuğun mizaç özellikleri, anne duyarlığı ve bağlanma arasındaki ilişkiye hiyerarşik regresyon analizleriyle bakıldığında ise negatif duygusallık (*emotionality*) güvenli bağlanmayı olumsuz yönde ($\beta = -.21$; $R^2 = .15$, $F(7,77) = 1.9$, $p = .08$), anne duyarlığı ise ($\beta = .24$) olumlu yönde yordamıştır.

Beklendiği gibi anne duyarlığı evlilikte iletişim kalitesi ile pozitif yönde anlamlı olarak ilişkili bulunmuş ($r = .24$, $p < .05$); iletişim kalitesi aynı zamanda çocuklardaki bağlanma ile marjinal düzeyde ve pozitif yönde ilişki göstermiştir ($r = .18$, $p < .10$). Bu bulgular beklentilerle tutarlıdır ve genel olarak ADSS ve BDSS'nin Türkiye'deki örneklem için de geçerliğini destekler niteliktedir.

Tartışma

Bu araştırma, Türkiye'de çocuklarda erken dönem bağlanmanın ve anne duyarlığının kapsamlı olarak incelendiği ilk çalışmadır. Bulgular, genel olarak, Batı kültürlerinde yürütülen araştırmalarla tutarlıdır. Örneğin, ADSS ile ölçülen anne duyarlık ortalaması (Ort. = .54) diğer ülkelerde yapılan çalışmalarda elde edilen ortalama değerlere yakındır ve bu örneklemdeki annelerin genelde duyarlı olduğuna işaret etmektedir. Örneğin, Posada ve arkadaşlarının (2002) Kolombiya ile ABD örneklemlerinde anneleri karşılaştırdıkları çalışmalarında, ADSS ile ölçülen Kolombiyalı annelerin duyarlık ortalaması .69, Kuzey Amerika'daki annelerin ortalaması ise .65 olarak bulunmuştur. Ancak söz konusu çalışmada annelerin orta ve üst SED grubundan, Türkiye'deki annelerin ise yaklaşık yarısının alt SED'den seçildiği dikkate alınmalıdır.

Son yıllarda yapılan bir araştırmada Tarabulsy ve arkadaşları (2008), Kanada'da yüksek ve düşük riskli gruplardan seçilen annelerin ADSS ile ölçülen duyarlık ortalamasını .40 olarak bulmuşlardır. Yaptığımız ek analizler sadece yüksek okul ve üniversite mezunu annelerin duyarlık ortalamasına bakıldığında değerin .61'e yükseldiğini göstermiştir. Özetle, Türkiye'deki anne duyarlık düzeyinin diğer ülkelerdeki araştırmalarda gözlenen değerlere yakın olduğu söylenebilir.

Çocuklarda BDSS ile ölçülen güvenli bağlanma düzeyinin ise (.22) Batı ülkelerinde elde edilen ortalamalardan görece düşük olduğu görülmektedir. Van IJzendoorn ve arkadaşlarının (2004) kapsamlı meta analiz çalışmasında çok sayıda araştırmadan elde edilen ortalama BDSS puanı .31 olarak hesaplanmıştır. Ancak, Batı'daki çalışmaların büyük bölümü orta ve üst SED ailelerde yürütülmüştür. Araştırmamızda anne eğitimi ile güvenli bağlanma arasındaki pozitif yöndeki korelasyonu dikkate alarak Türkiye'de elde edilen değerin annelerin kısmen alt SED'den gelmesinden kaynaklandığı söylenebilir.

Bağlanma kuramı bakımından en önemli sonuç anne duyarlığı ile çocuktaki güvenli bağlanma arasındaki ilişkinin anlamlı olmasıdır. Batı ülkelerinde bağlanmanın BDSS ile ölçüldüğü araştırmalarda bu ilişki .31 olarak bulunmuştur (van IJzendoorn ve diğer, 2004). Bu çalışmada elde edilen korelasyon ise neredeyse meta analizde elde edilen ortalama ile aynı düzeydedir ($r = .29$, Spearman Rho ise .32). Bu bulgu hem bağlanma kuramının evrenselliğini hem de Türkiye'de söz konusu ölçme araçlarının genel geçerliğini destekler niteliktedir.

Van IJzendoorn ve arkadaşları, çalışmalarında üç saatten uzun süren gözlemlerden elde edilen BDSS puanları ile anne duyarlığı arasındaki ilişkinin .40'a kadar yükseldiğini bulmuşladır. Bu çalışmada ortalama gözlem süresinin 2.5 saat civarında olduğu dikkate alınarak, araştırmacıların daha fazla davranış gözlemleme fırsatı yakalamak bakımından gözlem süresini en az üç saate çıkarmaları önerilmektedir.

Çalışmamızda hem ADSS hem de BDSS'de kullanılan ölçüt puan, söz konusu ölçekler geliştirilirken Batı ülkelerindeki uzmanlardan elde edilen "ideal duyarlı anne" ve "güvenli çocuk" ölçüt puanlarıdır. Bu nedenle, gözlenen ilişkinin aslında olan ilişkiden daha düşük olma olasılığı vardır. Gelecekte, söz konusu ilişkilerin, Türkiye'deki uzmanların ürettiği kültürdeki anne duyarlığı ve güvenli bağlanma özelliklerini yansıtacak ölçüt puanlar kullanılarak incelenmesi gerekmektedir. Türkiye'de "ideal duyarlı anne" ve "güvenli çocuk" ölçüt puanlarının oluşturulması ve Batı ülkelerindeki ölçüt puanlarla karşılaştırılması da tutarlılık düzeyini anlamak bakımından önemlidir. Kültürel faktörlerin duyarlık-bağlanma ilişkisinde etkili olduğu bilinmektedir (bkz. Routbaum ve diğer, 2000, Sümer ve Kağıtçıbaşı, 2010). Bu nedenle, gelecekteki çalışmalar, Türkiye'ye özgü, özellikle anne duyarlığı özellikleri dikkate alınarak yürütülmelidir.

Son olarak ADSS ve BDSS'nin geçerliğine ilişkin bilgi edinmek amacıyla duyarlığın ve bağlanmanın hem demografik özelliklerle hem de ilgili diğer bağlamsal değişkenlerle ilişkisi incelenmiştir. Bulgular çocuklardaki güvenli bağlanma düzeyinin anne eğitim düzeyiyle ilişkili olduğunu göstermiştir. Türkiye'de anne eğitiminin özellikle başta çocuk uyum düzeyi olmak üzere çok sayıda sonuç değişkeni ile ileri düzeyde ilişkili olduğu bilinmektedir. Diğer ülkelerde de anne eğitiminin söz konusu değişkenlerle ilişkili olduğu bulunmuştur. Örneğin Pederson ve arkadaşları (1990) Kolombiya'da hem anne duyarlığının hem de çocuktaki bağlanmanın anne eğitimi ve aile gelir düzeyiyle ilişkili olduğunu bulmuştur. Özellikle, gelişmekte olan ülkelerde anne eğitiminin hem duyarlık (örn. Valenzuela, 1997) hem de bağlanma bakımından (örn. Bakermans-Kranenburg, Van IJzendoorn, ve Kroonenberg, 2004) güçlü etkiye sahip olduğu gösterilmiştir.

BDSS'nin Türkiye'deki geçerliğini destekler nitelikte, ÇDKL ile ölçülen sorun davranışlarla çocukların güvenli bağlanması arasında olumsuz yönde anlamlı ilişkiler gözlenmiştir. Özellikle içe yönelim sorunlarıyla bağlanma arasındaki negatif yönde anlamlı ilişki güvenli bağlanmanın aynı zamanda uyum bakımından da önemine işaret etmektedir.

Bu çalışmada aynı zamanda annenin bildirdiği evlilik doyum düzeyi ve eşiyle ilişkisindeki iletişim kalitesinin duyarlık ve güvenli bağlanmayla ilişkisi incelenmiştir. Beklendiği gibi, ilişki kalitesi, özellikle anne duyarlığını etkilemektedir. Geçmiş araştırmalarla tutarlı olarak, aile içinde yıkıcı ve saldırgan iletişim özellikleri sergileyen annelerin çocuklarına gösterdikleri duyarlık düzeyinin de düşük olduğu gözlenmiştir. Çağdaş bağlanma kuramcılarının önerileriyle tutarlı olarak (örn. Belsky ve diğer, 2008), Türkiye'de de aile içindeki ilişkilerin genel kalitesi, annelerin duyarlık düzeyini ve dolayısıyla çocukların bağlanma örüntüsünü etkilemektedir. Tarama çalışmalarında Selçuk, Zayas ve Hazan (2010) evlilikteki ilişki kalitesinin güvenli bağlanmayla ilişkili olduğunu, mutlu evliliklerin koruyucu, geliştirici ve güvenli bir atmosfer sağlayarak güvenli bağlanmayı pekiştirdiğini belirtmişlerdir.

Genel olarak bulgular BDSS ve ADSS'nin Türkiye'deki geçerliğini destekler nitelikte olmasına karşın bu sonuçlar, ölçümlerin sadece Ankara ilinde ve bütün Türkiye'yi temsil etmeyen bir örneklemle yapıldığı dikkate alınarak yorumlanmalıdır. Bir ilk olma özelliği ile bu çalışmadan, Türkiye'de anne duyarlığı ve erken dönem bağlanması hakkında çok değerli bilgiler elde edilmiştir. Gelecek çalışmalarda farklı bağlanma örüntüleri, farklı örneklemlerde, kültüre özgü özellikler de dikkate alınarak Türkiye'de anne duyarlığı ve erken dönem bağlanma özellikleri incelenmeye devam edilmelidir.

ADSS ve BDSS Kullanıcıları İçin Öneriler

Bu bölümde uygulama deneyimlerimizden yararlanarak belirlenen ve kullanıcıların dikkatine sunulan hususlar özetlenmektedir. Uygulamacıların öncelikle orijinal ölçekleri geliştirenlerin hazırladığı yönergeleri dikkatlice okuması gerekmektedir. BDSS seti için dikkat edilmesi gereken hususlar geliştiricilerinden Everett Waters'in web sayfasında ayrıntı olarak verilmiştir: (http://www.psychology.sunysb. edu/attachment/measures/content/aqs_method.html). Bu sayfada özellikle *gözlem (observing)* ve *sınıflama (sorting)* hakkında dikkat edilmesi gerekenler ayrıntısıyla yer almaktadır. Aynı yönergeler ADSS için de geçerlidir.

Aşağıda Türkiye'deki uygulamalar sırasında yaşanan sorunların ve dikkat edilmesi gereken hususların önemli olanları sıralanmıştır:

1. Türk aile ilişkilerinde gözlem için ziyarete gelenler hemen doğal gözleme başlayamamakta, anne ve çocuğun gözleme alışmaları için bir süre geçmesi gerekmektedir. Ancak bu süre sonrasında gözlem için gerekli doğal "günlük" anne-çocuk ilişki ortamı yakalanabilmiştir. Bu nedenle pilot çalışma sırasında, ADSS ve BDSS'nin her biri için planlanan gözlem süresinin 3-3.5 saat olmasına karar verilmiştir.

2. Gözlemlerde en sık karşılaşılan sorun önceden haber verilerek sadece anne ve çocuğun bulunması gerektiği belirtildiği halde gözlem sırasında eve gelen beklenmedik misafirler, akrabalar ya da annenin başka birinin de uygulamayı görmesini istemesi gibi nedenlerle, sürpriz olarak üçüncü kişilerin gözlem sırasında bulunmasıdır. Bu durum doğal olarak anne ya da çocuğun dikkatini farklı şekillerde yönlendirmekte ve gözlemin nesnelliğine zarar

vermektedir. Bu nedenle gözlem sırasında hiç kimsenin bulunmaması gerektiği özellikle vurgulanmalıdır. Şayet bu koşul karşılanmıyorsa başka bir zamanda ziyaret için randevu istenmelidir.

3. Bazı durumlarda önceden telefon görüşmesinde açık olarak söylenmesine karşın annenin gözlemcileri ağırlamak amacıyla ikram hazırlaması ve bunun için uzun süre mutfakta kalması veya mutfağa gittiğinde uzun süre dönmemesi gözlemde kesintiye neden olmaktadır. Annenin çay getirme vb. amaçla kısa süreli olarak çocuktan ayrılması, kartlarda yer alan bazı davranışları gözleme fırsatı yaratması bakımından yararlı olmasına karşın uzun ayrılıklar gözlem süresini uzatmaktadır.

4. Bazı anneler çocuklar uslu dursun diye "iğneci gelecek" vb. korkutmalarla çocukları yanlış yönlendirebildikleri için böyle durumlarda çocukların gösterdiği davranışların doğal ilişkinin bir sonucu mu yoksa hazırlanmış bir durum mu olduğu anlaşılamamaktadır. Özellikle görece yaşça büyük olan (genellikle üç yaş ve üzeri) çocuklarda bu tür durumlar çocukları tamamen pasifleştirmekte ve gözlem için davranış oluşumunu engellemektedir.

5. Araştırmacılara mümkün olduğu ölçüde yaş aralığı 1-2 olan çocuklar üzerinde, yani bu yaşlarda çocuğu olan ailelerde gözlem yapmaları önerilmektedir. Çünkü, yaşanan sorunlar nedeniyle özellikle 50 aydan büyük çocukların veri setinden çıkarılması gerekmiştir.

6. Gözlemcilerin asıl gözleme geçmeden önce gözlemciler arası güvenirlik katsayısı .80'e ulaşıncaya kadar deneme (pilot) gözlemleri yapmaları önerilmektedir.

7. Gözlemcilerin önceden aile hakkında bilgi sahibi olmaması gözlem sırasında önyargısız kalabilmeleri için gereklidir. Gözlemcilerin, evlere, sadece annenin ve çocuğun isimlerini öğrenerek gitmeleri önerilmektedir.

8. Özellikle gözlemin başında bazı anne ve/veya çocuk çekingen davranabilmekte ya da tedirgin olabilmektedir. Bu nedenle, gözlemin başında aileyi rahatlatacak şekilde konuşma, çocukla biraz ilgilenme, çok resmi davranmama iyi olabilir. Fakat daha sonra mümkün olduğunca etkileşimlerden uzak kalmaya çalışılmalı ve çok müdahaleci (tehlike durumları hariç) olunmamalıdır. Çocukla çok fazla oynanır ya da anneyle çok sohbet edilirse anne-çocuk ilişkisini gözlemlemek zorlaşabilir.

9. Bu ölçümler aslında yabancı ortam yönteminin ev ortamına taşınmış halidir. Bu nedenle, bağlanma davranışlarının gözlenebilmesi için annenin çocuktan ayrıldığı ve yeniden bir araya geldiği durumların olması gerekmektedir. Ancak deneyimlerimize göre bazı gözlemlerde annenin hiç ayrılmadığı, çocukla aynı mekânda kaldığı ve bu nedenle de kart sınıflaması için yeterli davranış havuzunun oluşmadığı saptanmıştır. Bu sorunu ortadan kaldırmak için gerektiğinde anneden odayı 2-3 dakika için terk etmesi istenebilir (örn. çay getirmek için mutfağa gitmesi vb.)

10. Sınıflama (kodlama) gözlem sırasında başlar. Gözlemci eğer tüm maddelere daha önceden aşina ise anne ve çocuğun ilgili davranışlarını fark edebilir. Fakat nesnel bir sınıflama için gözlemci bir davranış gördüğünde hemen ilgili bir maddeyi kodlamamalı, sadece zihninde (+) ya da (-) olarak tutmalı; gözlem sonrasında bu (+) ve (-) leri değerlendirip son kararını vermelidir.

11. Annelerin çocuk gelişimiyle ilgili ya da farklı konularda pek çok soruları olabilir. Sadece emin olduğunuz bilgileri gözlem sonunda kısaca paylaşın. Emin olmadıklarınızı araştırıp daha sonra anne ile paylaşabilirsiniz.

12. Gözlem evin bir odasında (salon) olmak zorunda değildir. Ailenin doğal ortamını yakalayabilmek için çocuğun odasına, balkona, bahçeye ya da mutfağa gidebilirsiniz.

13. Gittiğiniz evde anneden günlük işlerine devam etmesini isteyin. Genellikle mutfak işi yapmak isteyeceklerdir. Siz de çocukla beraber mutfakta olabilmek için izin isteyin. Eğer anne çocuğu sizinle çok yalnız bırakıyorsa, çocuğu annenin yanına gitmesi için (siz de çocuğu takip ederek) teşvik edin. Örneğin, "Bunu annene gösterebilirsin/gösterelim" diyebilirsiniz.

14. Bazı maddeleri kodlayabilmek için bazen gözlem yetersiz kalabilir, soru sormanız gerekebilir. Örneğin, ADSS'nin 12. maddesindeki uyku düzeni, 56. maddesindeki günlük rutinler anneye sorulabilir.

15. ADSS'nin 18. maddesi için ("Evin bebekli bir ev olduğuna dair çok az işaret vardır") "Bana oyuncaklarını göster diyerek" çocukla beraber çocuğun odasına gidilebilir.

16. Örneklem, seçim yöntemine göre değişmekle birlikte yeni katılımcı aile bulmak gerekiyorsa, gözlem sonrasında aileye çalışmaya katılmayı isteyebilecek bir tanıdıkları olup olmadığını sorabilirsiniz.

17. Evde sadece anne ve çocuğun gözlemcilerle yalnız kalması gerektiği için ailelerin gözlemcilere güvenebilmesi çok önemlidir. Bu nedenle kartopu yöntemi kullanılması tavsiye edilir. Bu çalışmanın üretildiği projede 10 aile ile başlanmış, daha sonra kartopu yöntemiyle yaklaşık 100 aileye ulaşılmıştır.

Önceki bölümlerde anlatıldığı gibi, hem ADSS'de hem de BDSS'deki kartlarda belirtilen davranışlar gözlenmemişse ya da yeterli davranış örneği akla gelmiyorsa bu maddeler genellikle *orta düzeyde* yani 5. *küme*de kodlanmaktadır. Aşağıda gözlemcilerin beyanına dayanarak BDSS ve ADSS'de sıklıkla 5. kümede sınıflanan maddelere yer verilmektedir.

BDSS'de Sıklıkla Ortada (Küme 5'te) Yer Alan Maddeler

TÜBİTAK destekli bir başka araştırmada (Sümer, Harma ve Savaş, 2010) 22 anne-çocuk çiftinde gözlenen BDSS örnekleminde gözlem sonrası yapılan sınıflandırmalarda bazı maddelerin sıklıkla küme 5'te ya da orta kümelerin birinde (4, 5, ve 6) yer aldığı gözlenmiştir. Bunun nedenleri genel olarak üç başlık altında toplanabilir:

1. Ev ortamının kısıtlılıkları
2. Fiziksel temasın yetersizliği
3. Sosyal istenirlik

Ev Ortamının Kısıtlılıkları

BDSS'nin ev ortamında yapılıyor olması bazı avantajlar sağlasa da ev ortamından kaynaklanan fiziksel kısıtlılıklar da (örn. alanın darlığı) içermektedir. Ev, güvenli ve bilindik bir ortam olduğu, tehlikeli ya da korku yaratan durumların ortaya çıkmasına imkân tanımadığı için bazı BDSS maddelerinin gözlemlenmesini güçleştirmekte ve bu maddelerin küme 5'te sınıflandırılmasına yol açmaktadır.

Fiziksel Kısıtlılıklar Nedeniyle Genellikle 5. Kümeye Giren Maddeler

13. madde "Çocuk annesinin ayrılmasına üzüldüğünde, o gittikten sonra ağlamaya devam eder ve hatta öfkelenir." (Güvenli yer davranışı)

25. madde "Çocuk annenin görüş alanı dışında oynarken anne onu kolaylıkla gözden kaçırabilir." (Güvenli yer davranışı)

34. madde "Çocuk annesi yanından ayrıldığı için üzüldüğünde bulunduğu yerde oturur ve ağlar. Annesinin arkasından gitmez." (Güvenli yer davranışı)

8. madde "Ağladığında çok uzun ve bağırarak ağlar." (Dolgu madde)

60. madde "Annesi ona 'tamam' veya 'bir şey olmaz' gibi sözlerle güven verdiğinde çocuk başlangıçta onu korkutan veya tedirgin eden şeylere yaklaşır veya onlarla oynar."

71. madde "Korktuğunda veya huzursuzlandığında annesi onu kucağına alırsa çocuk ağlamayı keser veya çabucak yatışır." (Güvenli yer davranışı)

88. madde "Bir şey huzurunu kaçırdığında çocuk olduğu yerde durur ve ağlar."

Fiziksel Temasın Yetersizliği

Gözlemlerin ardından annelerle yapılan görüşmelerden de anlaşıldığı kadarıyla Türk anneleri çocuklarının bir misafir geldiğinde şımarmasından hoşlanmıyorlar. Annenin yakınında olmak istemek, sarılıp öpmek, el şakaları yapmak ve fiziksel temas istiyor olmak Türk kültürüne göre "şımarmak" olarak adlandırılıyor, eve gelen misafirlerin karşısında yapılmaması gereken davranışlar olarak tembihleniyor veya bu tür davranışlar teşvik edilmiyor. Gözlemciler evdeyken bazı annelerin çocuklarıyla çok sık fiziksel temasa geçmemesi bu kültürel farklılıktan kaynaklanıyor olabilir. Bu nedenle çoğunlukla küme 5'te sınıflandırılmak zorunda kalınan maddeler:

47. madde "Anne gülümser ve bunun bir eğlence olduğunu hissettirirse, çocuk oyunda yüksek sesleri veya zıplatılıp hoplatılmayı kabul eder ve bunlardan hoşlanır."

61. madde "Anneyle sertçe oynar. Annenin canını yakma amacı gütmese bile fiziksel oyunlar sırasında anneye vurur, onu tırmalar veya ısırır."

Sosyal İstenirlik

Annelerin gözlemcilerin varlığı nedeniyle muhtemelen sergilemekten kaçınmış olabileceği kızma, bağırma ve ses yükseltme gibi davranışların görülmemesi nedeniyle çocuğun bunlara tepkisi de çoğunlukla gözlenemeyebilir.

24. madde "Anne çok kararlı konuştuğunda veya ona karşı sesini yükselttiğinde, çocuk annesini mutsuz ettiği için üzülür, keyfi kaçar veya utanır."

NOT: *Yukarıdaki maddeler içerisinden 13, 34, 71, 90'ın sınıflandırmada küme 5'e düşmesi beklenilen bir durumdur.*

ADSS'de Sıklıkla Ortada (Küme 5'te) Yer Alan Maddeler

Ev Ortamının Kısıtlılıkları

36. madde "Durum gerektirdiğinde, A, B'yi korumak için hızlı bir tepkide bulunur."

Fiziksel Temasın Yetersizliği

46. madde. "A'nın vücudu gevşemiş ve B ile yakın temasa olanak verecek şekildedir, B'yi kendine doğru çeker."

76. madde. "B üzgün olduğunda A onu kollarıyla sarıp kucaklayarak, fiziksel temasla rahatlatır."

86. madde. "Kurmuş olduğu fiziksel teması, B tamamen sakinleşmeden veya diğer aktivitelere başlamaya hazır olmadan keser."

Sosyal İstenirlik

61. madde. "Kızgınlık, örtülü bir şekilde, B'nin temas ihtiyacını çeşitli kızgınlık işaretleri yoluyla (örn. üflemeler, iç çekmeler, öfkeli bakışlar) kasıtlı olarak görmezden gelerek ifade eder."

73. madde. "Kızdığı zaman kendisini B'den ya fiziksel ya da duygusal olarak geri çeker."

81. madde. "Sevgi ve kabul B'ye açıkça ifade edilir."

Kültürel Nedenlerle Az Gözlendiği Düşünülen Maddeler

16. madde "A, B'nin aktiviteyi sevmediğine veya ilgilenmediğine dair verdiği ipuçlarına göre etkileşimi başkalaştırmaz."

48. madde. "B'nin ilgisini çekecek şeyleri gösterecek ve onları isimlendirecek kadar B'nin çevresindekilerden haberdardır."

50. madde. "B'nin keşfetmesini ve öğrenmesini sağlamak için ulaşılabilir ve uygun nesneler verir; bundan A'nın onun ihtiyaçları, ilgileri ve gelişimsel düzeyi hakkında açıkça düşünmüş olduğu anlaşılmaktadır."

64. madde. "B'nin dikkat düzeyinin farkında olduğunu belli eder."

Kodlama Programı

Bilgisayar Programı Kullanarak Sınıflandırma

ADSS ve BDSS maddelerinin önerildiği gibi önce üç küme daha sonra da dokuz küme altında daha kolay sınıflandırılabilmesi, maddelerin seçkisiz bir sırada gözlemciye sunulabilmesi ve gözlemciler arası güvenirlik katsayısı da dahil olmak üzere bütün sınıflandırmaların daha hızlı yapılabilmesi için bu araştırma (TÜBİTAK proje-no 105K102) kapsamında bir bilgisayar yazılımı geliştirilmiştir. METU QSOFT ismi verilen bu yazılım ücretsiz olarak birinci yazar Nebi Sümer'den (nsumer@metu.edu.tr) istenebilir. Bu programın kullanılmasına ilişkin şekilsel gösterim ve yönergeler aşağıda verilmiştir. Bu program hem daha kısa zamanda kartların seçkisiz sırada gelmesi ve kolay sınıflandırılması bakımından avantajlıdır hem de gerekli bütün puanlar ve hakemler arası güvenirlik katsayıları otomatik olarak hesaplanabilmektedir.

1. Metu QSoft simgesine iki kere tıklayın.

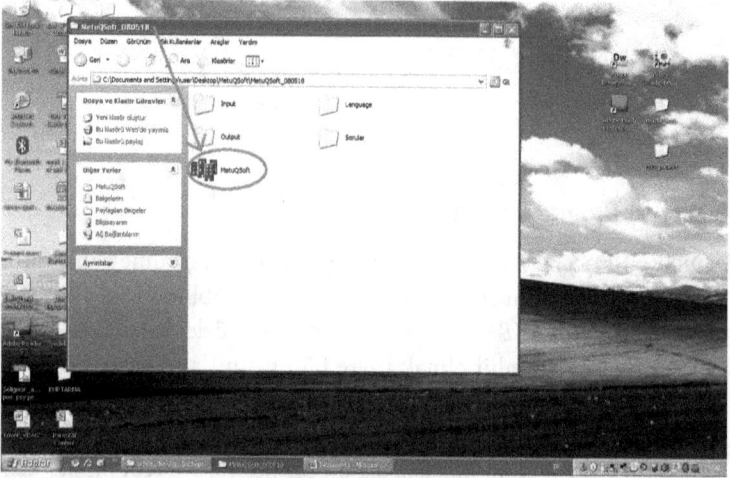

2. Ana ekranda "veri girişi" sekmesine tıklayın.

3. Ekrana gelen formda ID: kısmına adınızı; No: kısmına
da soyadınızı yazın. Tip Sekmesinde de "aqs"si seçiniz.
Alttaki kategorileme kısmında "Çift Aşama"yı seçiniz.
Daha sonra "Veri Girişini Başlat" sekmesine bir kere
tıklayın.

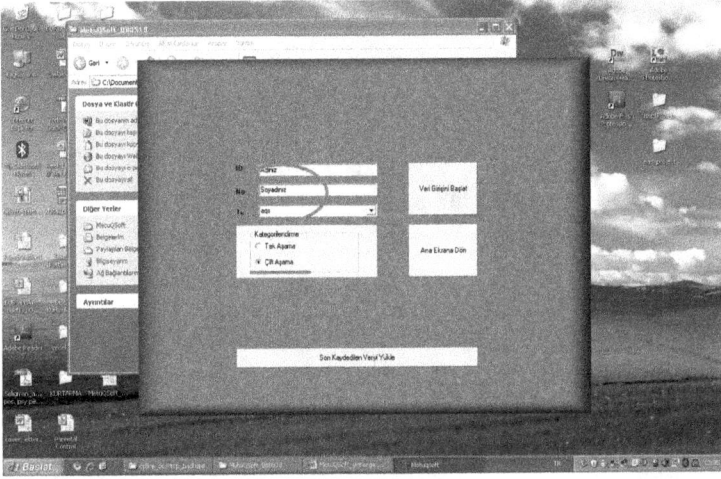

4. Ekrandaki açıklama doğrultusunda ekrana gelecek her bir maddeyi "Düşük", "Orta" ve "Yüksek" olarak sınıflandırmanız istenecektir. Eğer o madde düşündüğünüz "güvenli bağlanan çocuğu" çok iyi tanımlıyorsa yükseğe, orta derecede tanımlıyorsa ya da onunla ilişkili bir madde değilse ortaya, hiç tanımlamıyorsa düşüğe koymanız istenecektir. Başlamak için lütfen tamam tuşuna basın.

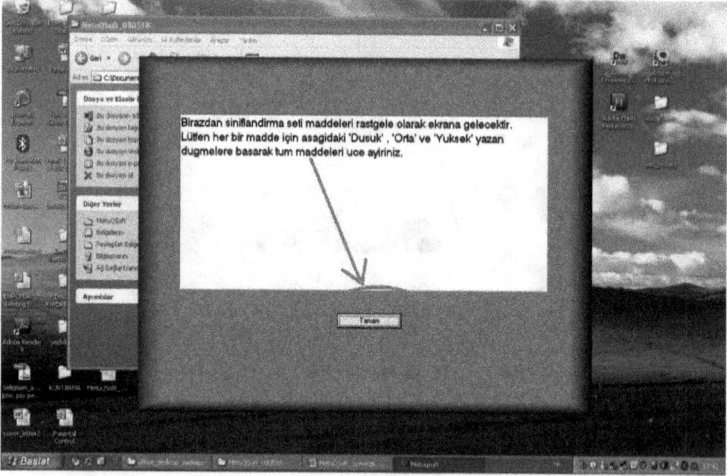

5. Aşağıdaki gibi ekrana 90 madde karışık sırada gelecektir. Her bir madde için uygun seçeneği düşünüp düşük orta yüksek butonlarından birine basın. Yanlışlıkla bir maddeyi başka gruba attığınızı düşünüyorsanız, o maddeyi bir yere not edin, ilk sınıflandırma aşaması bittiğinde gruplar arası değişiklik yapabilirsiniz. Bu değişikliği nasıl yapacağınız aşağıda anlatılmıştır.

Sınıflandırmaların hepsi bittiğinde bütün gruplarda eşit sayıda madde olması beklendiğinden, (9 grubun her birinde 10'ar madde olacak şekilde), bu aşamada üç gruba benzer oranlarda madde dağıtmak daha sonraki aşamalarda işinizi kolaylaştıracaktır.

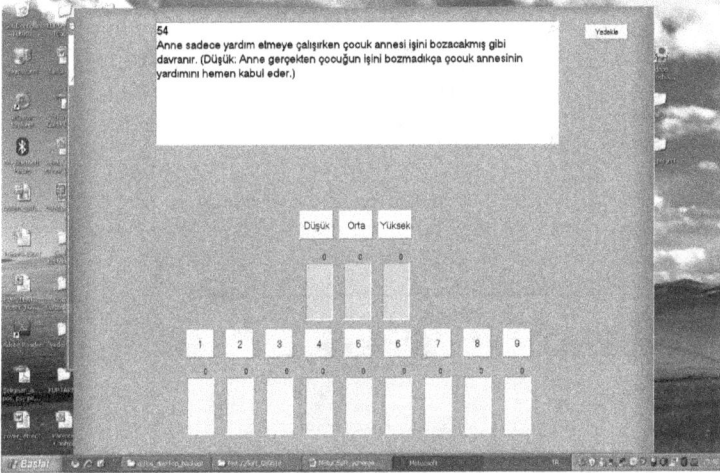

6. 90 maddenin ayrılma işlemi üç aşamada bittiğinde aşağıdaki gibi bir uyarı alacaksınız. Görüleceği üzere 3 gruba eşit dağıtılmadığı uyarısı ekrana gelmiştir. Eğer bu aşamada maddelerin yerini değiştirmek istiyorsanız "Tamam" tuşuna bastıktan sonra 7. aşamayı takip edin. Eğer bu aşamada değil de maddelerin 9'a ayrılacağı ikinci aşamada eşit olmayan grupları eşit hale getirmek istiyorsanız 8. aşamaya atlayın.

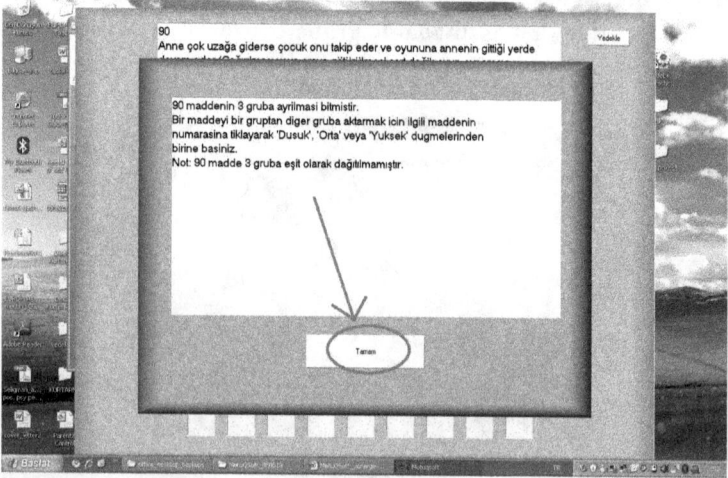

7. Değiştirmek istediğiniz maddeyi ilgili kümeden bulun ve üstüne bir kere tıklayın. Yerleştirmek istediğiniz grubun butonuna basın (Örneğin orta butonuna basın).

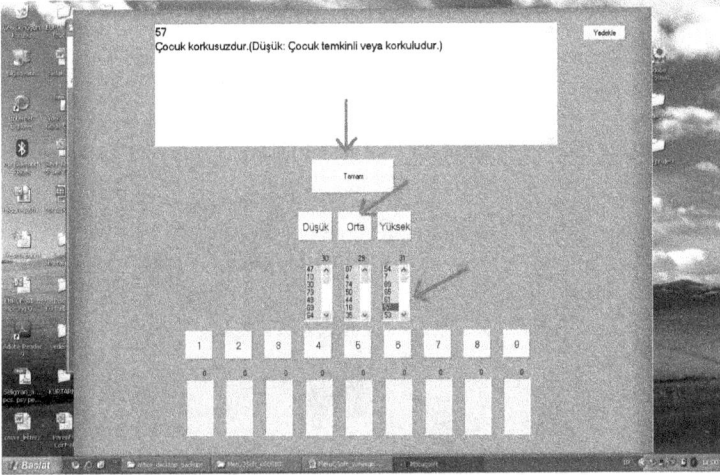

8. Sınıflandırma işleminin bittiğine inanıyorsanız grupların üstündeki büyük "Tamam" tuşuna basın. Daha sonra ekrana aşağıdaki gibi bir uyarı gelecektir. Maddeleri sıralamaya ister yüksek isterse düşük gruptan başlayabilirsiniz. Hangisinden başlarsanız başlayın, her alt gruba 10 madde atmayı lütfen unutmayın. Yüksekten düşüğe sekmesini tıkladığınızı varsayalım.

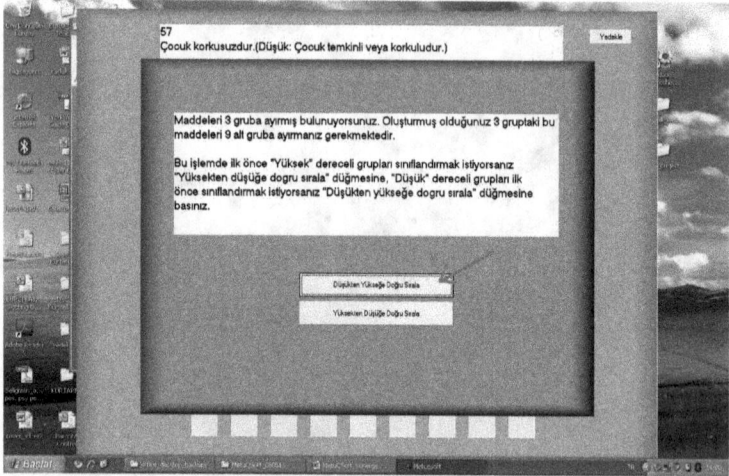

9. Yüksek olarak sınıfladığınız maddeleri 9, 8, 7 gruplarından uygun olan gruba atarak yerleştirin. Aynı işlemi orta ve düşük grubundaki maddeler için de yapın. Yüksek, orta ve düşük grubundaki maddeler bittiğinde aşağıdaki gibi o grubun bittiğine dair mesaj alacaksınız. Her biri için aynı işlemi tamamladığınızda 9 alt-grup arasında da geçişler yapabilirsiniz. Her alt grup 10'arlı kümelere ayrıldığında sınıflandırma işi tamamlanmış olacaktır.

10. Sınıflandırma işlemi bittikten sonra aşağıdaki gibi Tamam butonuna basın.

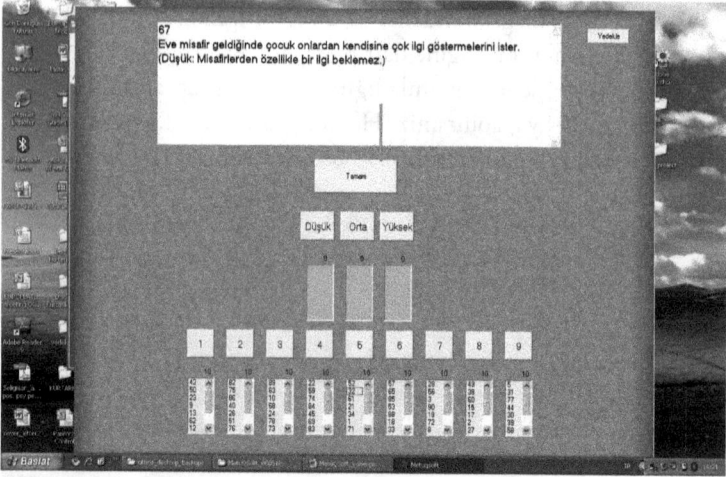

11. Daha sonra karşınıza şu ekran gelecektir. Kapat butonuna basın.

12. Açılan kayıt etme penceresinde belgenizi kaydetmeniz için bir yer belirtmeniz istenmektedir. Belgeye kolay ulaşmak için Masaüstünü seçip Dosya adı kısmına aşağıdaki gibi adınızı yazıp kaydet tuşuna basın.

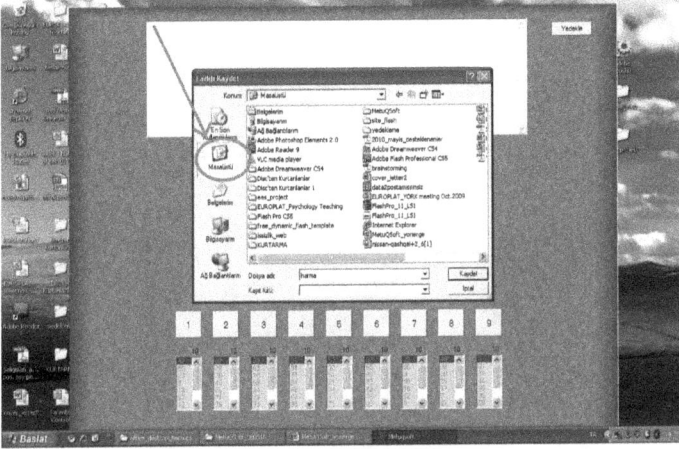

13. Masaüstünde kaydettiğiniz belgeleri aşağıdaki gibi görebilirsiniz. Kaydettiğiniz bu iki belgeyi lütfen XXX@ XXX adresine ekleyerek gönderin.

Yardımlarınız için çok teşekkürler.

Kaynaklar

Achenbach, T. M. *Manual for Child Behavior Checklist/ 4-18 and 1991 Profile.* Burlington, VT: University of Vermont, Dept. of Psychiatry, 1991.

Ainsworth, M. D. S. "Object relations, dependency, and attachment: A theoretical review of the infant-mother relationship." *Child Development, 40* [1969]: 969-1025.

Ainsworth, M. D. S., M. C. Blehar, E. Waters ve S. Wall. *Patterns of attachment: A psychological study of the Strange Situation.* Hillsdale, NJ: Lawrence Erlbaum Associates Inc., 1978.

Atkinson, L., A. Niccols, A. Paglia, J. Coolbear, K. C. H. Parker, L. Poulton ,ve diğer. "A meta-analysis of time between maternal sensitivity and attachment assessments: Implications for internal working models in infancy/toddlerhood." *Journal of Social and Personal Relationships, 17* [2000]: 791-810.

Bailey, H. N., C. A. Waters, D. R. Pederson ve G. Moran. "Ainsworth revisited: An empirical analysis of interactive behavior in the home." *Attachment & Human Development, 1* (2) [1999]: 191-216.

Bakermans-Kranenburg, M. J., M. H. van IJzendoorn ve P.M. Kroonenberg. "Differences in attachment security between African-American and white children: ethnicity or socio-economic status?" *Infant Behavior & Development, 27* [2004]: 417-433.

Bartholomew, K. ve L. M. Horowitz. "Attachment styles among young adults: A test of four-category model." *Journal of Personality and Social Psychology, 61* [1991]: 226-244.

Belsky, J. ve R. M. P. Fearon. "Precursors of Attachment Security." *Handbook of Attachment Theory and Research* içinde, der. J. Cassidy ve P. Shaver, 295-316. New York: Guilford Press, 2008.

Block, J. *The Q-sort method in personality assessment and psychiatric research.* Springfield, IL: Charles C Thomas, 1961.

Bowlby, J. "Maternal care and mental health." *World Health Organization Monograph,* 1951.

_____. *Attachment and loss: Vol. 1. Attachment.* New York: Basic Books, 1969.

_____. *Attachment and loss Vol II: Seperation.* New York: Basic Books, 1973.

_____. *Attachment and loss: Vol I. Attachment.* New York: Basic Books, 1982.

Brennan, K. A., C.L. Clark ve P. R. Shaver. "Self-report measurement of adult romantic attachment: An integrative overview." *Attachment theory and close relationships* içinde, der. J. A. Simpson ve W. S., Rholes, 46-76. New York, NY: Guilford Press, 1998.

Bretherton, I. "The origins of attachment theory: John Bowlby and Mary Ainsworth." *Developmental Psychology, 28* [1992]: 759-775.

Buss, A. H. ve R. Plomin. *Temperament: Early developing personality traits.* Hillsdale, NJ: Lawrence Erlbaum Associates Inc., 1984.

_____. "The EAS approach to temperament." *The study of temperament: Changes, continuities and challenges* içinde, der. R. Plomin ve J. Dunn. Hillsdale, NJ: Lawrence Erlbaum Associates Inc., 1986.

Carlson, V. J. ve R. L. Harwood. "Attachment, culture, and the caregiving system: The cultural patterning of everyday experiences among Anglo and Puerto Rican mother infant pairs." *Infant Mental Health Journal, 24* [2003]: 53-73.

Campos, J. ve C. Stenberg. "Perception, appraisal and emotion: The onset of social referencing." *Infant social cognition* içinde, der. M. E. Lamb ve L. R. Sherrod, 273-314. Hillsdale, NJ: Erlbaum, 1981.

Cassidy, J. "The nature of the child's ties." *Handbook of attachment: Theory, research and clinical applications* içinde, der. J. Cassidy ve P. R. Shaver, 3-22. New York, NY: Guilford Press, 2008.

Christensen, A. "Dysfunctional interaction patterns in couples." *Perspectives on marital interaction* içinde, der. P. Noller ve M. A. Fitzpatrick, 31-52. Clevedon, İngiltere: Multilingual Matters, 1988.

Christensen, A. ve M. Sullaway. *Communication Patterns Questionnaire.* Yayımlanmamış çalışma. Los Angeles: University of California, 1984.

Ciciolla, L., K. A. Crnic ve S. G. West. "Determinants of change in maternal sensitivity: contributions of context, temperament, and developmental risk." *Parenting Science and Practice, 13*(3) [2013]: 178-195.

De Wolff, M. S.ve M. H. van IJzendoorn. "Sensitivity and attachment: A meta-analysis on parental antecedents of infant attachment." *Child Development, 68*(4) [1997]: 571-591.

Erol, N.ve Z. Şimsek. "Türkiye Ruh Sağlığı Profili: Çocuk ve gençlerde yeterlik alanları ile sorun davranışların dağılımı.", *Türkiye Ruh Sağlığı Profili: Ön Rapor* içinde, der. N. Erol, C. Kılıç, M. Ulusoy, M. Keçeci, ve Z. Şimşek,12-33. Ankara: Aydoğdu Ofset, 1997.

Ganiban, J. M., J. Ulbricht, K. J. Saudino, D. Reiss, K.J. Saudino ve J. M. Neiderhiser. "Understanding child-based effects on parenting: Temperament as a moderator of genetic and environmental contributions to parenting." *Developmental Psychology, 47*(3) [2011]: 676-692.

Goldsmith, H. H. ve J. A. Alansky. "Maternal and infant temperamental predictors of attachment: A metaanalytic review." *Journal of Consulting and Clinical Psychology, 55* [1987]: 805-816.

Hubert, N. C., T. D. Wachs, P. Peters-Martin ve M. J. Gandour. "The study of early temperament: Measurement and conceptual issues." *Child Development, 53*(3) [1982]: 571-600.

Jin, M. K., D. Jacobvitz, N. Hazen ve S.H. Jung. "Maternal sensitivity and infant attachment security in Korea: Cross cultural validation of the strange situation." *Attachment & Human development,* *14*(1) [2012]: 33-44.

Kochanska, G., A. E. Friesenborg, L. A. Lange ve M. M. Martel. "Parents' personality and the infants' temperament as contributors to their emerging relationship." *Journal of Personality and Social Psychology, 86* [2004]: 744-759.

Main, M., N. Kaplan ve J. Cassidy. "Security in infancy, childhood, and adulthood: A move to the level of representation." *Growing points of attachment theory and research. Monographs of the Society for Research in Child Development 50*(1-2) içinde, der. I. Bretherton ve E. Waters, [1985]: 66-104.

Main, M.ve J. Solomon.(1990). "Procedures for identifying infants as disorganized/disoriented during the Ainsworth strange situation." *Attachment in the preschool years: Theory, research, and intervention* içinde, der. M.T. Greenberg, D. Cicchetti ve M. Cummings, 121-160. Chicago: University of Chicago Press.

Mikulincer M. ve P. R. Shaver.. *Attachment in adulthood: structure, dynamics, and change.* New York, NY: Guilford Press, 2007.

Mills-Koonce, W.R., J.L. Gariépy, C. Propper, K. Sutton, S. Calkins, G. Moore, ve M. Cox. "Infant and parent factors associated with early maternal sensitivity: A caregiver-attachment systems approach." *Infant Behavior & Development, 30*(1) [2007]: 114-126.

Paulussen-Hoogeboom, M. C., G. J. J. M. Stams, J. M. A. Hermans ve, T.T.D. Peetsma. (2008). "Relations among child negative emotionality, parenting stress, and maternal sensitive responsiveness in early childhood." *Parenting Science and Practice, 8* [2008]: 1-16.

Pederson, D. R., K. E. Gleason, G. Moran ve S. Bento. "Maternal attachment representations, maternal sensitivity, and the infant-mother attachment relationship." *Developmental Psychology, 34* [1998]: 925-933.

Pederson, D.R.ve G. Moran. "A categorical description of infant-mother relationships in the home and its relation to q-sort measures of infant-mother interaction." *Caregiving, cultural, and cognitive perspectives on secure-base behavior and working models: New growing points of attachment theory and research. Monographs of the Society for Research in Child Development, 60* içinde, der. E. Waters, B. E.Vaughn, G. Posada ve K. Kondo-Ikemura, [1995a]: 111-132.

_____. "Appendix B: Maternal behavior Q-set." *Caregiving, cultural, and cognitive perspectives on secure-base behavior and working models: New growing points of attachment theory and research. Monographs of the Society for Research in Child Development, 60,* içinde, der. E. Waters, B. E. Vaughn, G. Posada ve K., Kondo-Ikemura, [1995b]: 247-254.

Pederson D. R., G. Moran, C. Sıtko, K. Campbell, K. Ghesquire ve H. Acton. "Maternal sensitivity and the security of infant-mother attachment: A Q-sort study." *Child Development, 61*[1990]: 1974-1983.

Posada, G., O. A. Carbonell, G. Alzate ve S. J. Plata. "Through Colombian lenses: Ethnographic and conventional analyses of maternal care and their associations with secure base behavior." *Developmental Psychology, 40* [2004]: 323-333.

Posada, G. ve A. Jacobs. "Child-mother attachment relationships and culture." *American Psychologist, 56* [2001]: 821- 822.

Posada, G., E. Waters, J. Crowell ve K. L. Lay. "Is it easier to use a secure mother as a secure base? Attachment Q-set correlates of the adult attachment interview." *Caregiving, cultural, and cognitive perspectives on secure-base behavior and working models: New growing points of attachment theory and research. Monographs of the Society for Research in Child Development, 60* (2-3) içinde, der. E. Waters, B. E. Vaughn, G. Posada ve K. Kondo-Ikemura, [1995]: 133-145.

Rothbaum, F., R. Nagaoka ve I. Ponte. "Caregiver sensitivity in cultural context: Japanese and U.S. teachers' beliefs about anticipating and responding to children's needs." *Journal of Research in Childhood Education, 21* [2006]: 23-40.

Rothbaum, F., J. Weisz M. Pott, K. Miyake ve G. Morelli. "Attachment and culture." *American Psychologist, 55* [2000]: 1093- 1104.

Salman, S., E. Selçuk, S. K. Berument, N. Sümer ve B. Doğruyol. *Caregiving Behavior Profiles in Turkish Culture.* Poster sunumu. 20th Biennial Meeting of the International Society for the Study of Behavioural Development (ISSBD), Würzburg, Almanya, Temmuz 2008.

Scarr, S. ve K. McCartney. "How people make their own environments: A theory of genotype-environment effects." *Child Development, 54* [1983]: 424-435.

Selçuk, E., G. Günaydın, N. Sümer, M. Harma, S. Salman, C. Hazan, B. Doğruyol ve A. Özturk. "Self-reported romantic attachment style predicts everyday maternal caregiving behavior at home." *Journal of Research in Personality, 44* [2010]: 544-549.

Selçuk, E., V. Zayas ve C. Hazan. "Beyond satisfaction: The role of attachment in marital functioning." *Journal of Family Theory and Review,* 2, [2010]: 58-279.

Slabach, E. H., J. Morrow ve T. D. Wachs. "Questionnaire measurement of infant and child temperament: Current status and future directions." *Explorations in temperament: International perspectives on theory and measurement* içinde, der. Strelau, J. ve Angleitner, A., 205-234. New York: Plenum Press, 1991.

Solomon, J. ve, C. George. "The measurement of attachment security and related constructs in infancy and early childhood." *Handbook of attachment: Theory, research, and clinical applications* içinde, der. J. Cassidy ve P. R. Shaver, 383-416. New York, NY: Guilford Press, 2008.

Susman-Stillman, A. Kalkose, M. Egeland, B. ve I. Waldman. "Infant temperament and maternal sensitivity as predictors of attachment security." *Infant Behavior & Development, 19,* [1996]: 33-47.

Sümer, N. "Yetişkin bağlanma ölçeklerinin kategoriler ve boyutlar düzeyinde karşılaştırılması." *Türk Psikoloji Dergisi, 21,* [2006]: 1-22.

_____. "Ana babalık ve bağlanma." *Ana babalık: Kuram ve araştırma* içinde, der. M. Sayıl ve B. Yağmurlu, 169-191. İstanbul: Koç Üniversitesi Yayınları, 2012a.

_____. "Türkiye'de çocukluktan geç ergenliğe bağlanma örüntüsü." *Türkiye'de gençlik: Ne biliyoruz, ne bilmiyoruz?* içinde, der. M. Eskin, , Ç. Dereboy, H. Harlak, ve F. Dereboy, 23-32. Ankara: Türkiye Çocuk ve Genç Psikiyatri Derneği Yayınları, 2012b.

Sümer, N. ve D. Güngör. "Yetişkin bağlanma stili ölçeklerinin Türk örneklemi üzerinde psikometrik degerlendirmesi ve kültürlerarası bir karşılaştırma." *Türk Psikoloji Dergisi, 14* [1999]: 71-106.

Sümer, N., M. Harma ve Ö. Savaş. *Kültüre Özgü İlgi-Bakım ve Ebeveyn Davranışlarının Yapılandırılmış Görüşmelerle Derinlemesine İncelenmesi* Ankara: (TÜBİTAK-SOBAG No. 109K599), 2010.

Sümer, N ve Ç. Kağıtçıbaşı. "Culturally relevant parenting predictors of attachment security: Perspectives from Turkey." *Attachment: Expanding the Cultural Connections* içinde, der. P. Erdman ve N. Kok-Mun, 157-179. New York: Routledge Press, 2010.

Sümer, N., E. Selçuk, G. Günaydın, S. Salman, ve M. Harma. "Maternal Sensitivity and Child Security in Turkish Culture." *Turkish Families across Europe: Parenting and Child development.* Symposium at 20th Biennial Meeting of the International Society for the Study of Behavioral Development (ISSBD). Würzburg, Almanya, Temmuz 2008.

Takahashi, K. "Examining the strange-situation procedure with Japanese mothers and 12-month-old infants." *Developmental Psychology, 22*(2) [1986]: 265-270.

Tarabulsy, G., M. Provost, M. A. Larose, S. E. Moss, J.-P. Lemelin, G. Moran ve diğer. "Similarities and differences in mothers' and observers' ratings of infant security on the Attachment Q-sort." *Infant Behavior and Development, 31* [2008]:10-22.

Thompson, R. A. "Vulnerability in Research: A Developmental Perspective on Research Risk." *Child Development, 61*(1) [1990]:1-16.

_____. *Early Attachment and its Consequences for Later Development.* Davetli Konferans, Ankara: 14. Ulusal Psikoloji Kongresi, Eylül 2006.

Uluç, S. "Doğuştan getirilen ilişkisellik arayışının ebeveynle kurulan duygusal bağ aracılığıyla biçimlenmesi." *Ana Babalık: Kuram ve Araştırma* içinde, der. M. Sayıl ve B. Yağmurlu, 191-214. İstanbul: Koç Üniversitesi Yayınları, 2012.

Valenzuela, M. "Maternal sensitivity in a developing society: The context of urban poverty and infant chronic undernutrition." *Developmental Psychology, 33* [1997]: 845- 855.

van den Dries, L. Juffer, F. van IJzendoorn, M.H. ve Bakermans-Kranenburg, M.J. "Fostering security? A meta-analysis of attachment in adopted children." *Children and Youth Services Review, 31*(3) [2009]: 410-421.

van IJzendoorn, M. H. "Adult attachment representations, parental responsiveness, and infant attachment: A meta-analysis on the predictive validity of the adult attachment interview." *Psychological Bulletin, 117*[1995]: 387-403.

van IJzendoorn, M.H. ve M.J. Bakermans-Kranenburg. "Integrating temperament and attachment: The differential susceptibility paradigm." *Handbook of temperament* içinde, der. M. Zentner ve R.L. Shiner, 403-424. New York: The Guildford Press, 2012.

van IJzendoorn, M. H. ve A. Sagi- Schwartz. "Cross-cultural patterns of attachment. Universal and contextual dimensions." *Handbook of attachment theory and research* içinde, der. J. Cassidy ve P. R. Shaver, 265-286. New York, NY: Guilford Press, 1999.

_____. "Cross-cultural patterns of attachment: Universal and contextual dimensions." *Handbook of attachment: Theory, research, and clinical applications* içinde, der. J. Cassidy ve P. R. Shaver, 880-905. New York, NY: Guilford Press, 2008.

Van IJzendoorn, M. H., C. M. J. L. Vereijken, M. J. Bakermans-Kranenburg ve J. M. Rikensen-Walraven. "Assessing attachment security with the attachment Q-sort: Meta-analytic evidence for the validity of the observer AQS." *Child Development, 75* [2004]: 1188-1213.

Vaughn, B. E., K. K. Bost ve van IJzendoorn, M. H. "Attachment and temperament. Additive and interactive influences on behaviour, affect, and cognition during infancy." *Handbook of attachment: Theory, research, and clinical applications* içinde, der. J. Cassidy ve P. R. Shaver,192-217. New York, NY: Guilford Press, 2008.

Vereijken, C. M. J. L., Riksen-Walraven, J. M. ve Kondo-Ikemura, K. (1997). "Maternal sensitivity and infant attachment security in Japan: A longitudinal study." *International Journal of Behavioral Development, 21*[1997]: 35-49.

Waters, E. (1987). Attachment Q-set (Version 3). http://www.johnbowlby. com. kaynağından alınmıştır (Ocak 2004).

_____. The Attachment Q-set (Version 3.0). *Growing points of attachment theory and research. Monographs of the Society for Research in Child Development, 50* içinde, der. I. Bretherton, ve E. Waters, [1995]; 234-246.

Waters, E. ve Deane.K. "Defining and assessing individual differences in attachment relationships: Q-methodology and the organization of behavior in infancy and early childhood." *Growing points of attachment theory and research. Monographs of the Society for Research in Child Development, 50* içinde, der. I. Bretherton ve E. Waters, [1985]: 41-65.

EK I

Bağlanma Davranışları Sınıflandırma Seti (BDSS) Yönergesi, Maddeleri ve Açıklamaları

Giriş

Bağlanma Davranışları Sınıflandırma Seti (BDSS) üç nedenle geliştirilmiştir: (1) evdeki güvenli üs davranışı ile Yabancı Durum sınıflandırmaları arasındaki ilişkiyi daha iyi inceleyebilmek için ekonomik bir yöntem sunmak (2) güvenli üs kavramının davranışsal göstergelerini (bir sınıflandırma seti kullanarak) daha iyi tanımlayabilmek ve (3) normatif güvenli üs davranışına ve bebeklik sonrası bağlanmadaki bireysel farklılıklara ilgi uyandırmak. Vaughn ve Waters'in (1991), Ainsworth ve arkadaşlarının (1973) bulgularını tekrarladığı çalışması, evdeki güvenli üs davranışı ve Yabancı Durum sınıflandırmaları arasındaki ilişkiyi daha iyi incelemek için atılan ilk adımdır. Bu çalışma, Yabancı Durum sınıflandırmasının çeşitli yaşlarda, kültürlerde ve klinik vakalarda geçerliğini sınamak için kullanılabilecek yeni bir yöntem ortaya koymuştur. Şu anki Bağlanma Davranışları Sınıflandırma Seti ölçümün üçüncü versiyonudur. 1987'de oluşturulmuştur ve 90 madde içermektedir.

Her maddenin anlamı ve kullanımı hakkında açıklayıcı bilgi ile birlikte BDSS maddelerinin tam bir listesi aşağıdadır. Her bir madde için verilen "Açıklama"lar sadece eğitim içindir. Gözlemcilerin kullanımı için hazırlanan kartlara sadece maddeler ("Madde", "Orta", "Düşük") yazılmalı; açıklamalar kesinlikle kartların üzerine yazılmamalıdır. Orijinal dokümana ulaşmak ve uygulama hakkında daha ayrıntılı bilgi almak için mutlaka Everett Waters tarafından hazırlanan web sayfasından yararlanınız:

http://www.psychology.sunysb.edu/attachment/measures/content/aqs_method.html

1. Çocuk, annesi isterse oyuncaklarını, eşyalarını ya da çeşitli şeyleri onunla kolaylıkla paylaşır veya tutmasına izin verir.

Düşük: Reddeder veya paylaşmaz.

Açıklama: Paylaşım, güvenli üs davranışının bir parçası olduğu ve sorunsuz bir etkileşimi içerdiği için ilginçtir (önemlidir). Paylaşım veya reddetme durumundaki örneklere bakarak çocuğun, annenin müdahaleci veya duyarsız olmasını bekleyip beklemediğini görebilirsiniz (örnek: bir nesneyi vermemesi, etkileşimi aniden bitirmesi gibi). Paylaşımın olmadığı durumlarda ise bir çıkarımda bulunmak zorlaşır. Paylaşım, hem çocuğun anneye kendiliğinden yaptığı paylaşma girişimlerini hem de paylaşmayı annenin başlattığı durumda annenin isteğine ne derece uyduğunu gösterir.

2. Çocuk oyundan sonra annesine döndüğünde bazen belirgin bir neden yokken huysuzlanır.

Düşük: Çocuk oyundan sonra veya iki oyun arasında annesine karşı mutlu ve sevecen davranır.

Açıklama: Çocuğun keşfetmekten yakınlığa ve temasa geçişinin doğal olması, işlevini yerine getiren güvenli üs ilişkisinin tanımlayıcı özelliğidir. Yabancı Durum ölçümlerinde, ayrılık öncesi dönem sırasında huysuzluk göstermek, kucağa alınmak için anneye yaklaşmak yerine mızıldanmak ve fiziksel temas yoluyla rahatlatılamama, güvensiz bağlanmanın en belirgin özellikleridir. Bu davranış örüntüsü Yabancı Durum ölçümü bakımından çok önemli olduğundan bu madde sınıflandırma setine dahil edilmiştir. Bu tür durumları önceden tahmin edebilmek pek kolay değildir ve bu davranışlar ev ortamında çok sık değildir. Anneye dönüşün olduğu durumdaki önemli anları kaçırmamak için sürekli tetikte olmalısınız. Gözlemcilerin konuyu iyi anlaması için benzer durumlar içeren birkaç Yabancı Durum videosunu seyretmeleri yararlı olabilir.

Huysuzluk, anneye dönüşlerde mızıldanma, yüzünü ekşitme, yersiz ağlamalar gibi çocuğun huzursuz olduğunu gösteren tüm davranışları belirtir. Mutlu ve sevecen davranan bir çocuk ise, anneye döndüğünde gülümser veya güler, anneye dokunur veya sarılır ve yukarıda belirtilen huzursuzluk işaretlerini göstermez.

3. Çocuk üzüldüğünde veya canı yandığında, annesinden başka yetişkinlerin de onu rahatlatmasına izin verir.

Düşük: Kendisini rahatlatmasına izin verdiği tek kişi annesidir.

Açıklama: Bir kişiyi diğerlerine tercih etmek bağlanmanın ayırt edici özelliklerinden biridir. Yine de, bu tercih diğer kişileri dışlamak veya reddetmek anlamına gelmez. Ayrıca, bu tercih her bağlamda görülmeyebilir. Ainsworth'ün Baltimore'da yaptığı ev gözlemlerinde, neredeyse yalnızca anneye yönelik olarak yapılan tek davranış "ulaşmayla biten yaklaşma veya fiziksel yakınlık için yapılan diğer girişimler"dir. Bu maddeyi değerlendirirken sadece rahatlama isteğine ilişkin yaklaşmaları dikkate alınız. Çocuk rahatlama dışında bir şey istemek için anneye yaklaşıyorsa, maddeleri sınıflandırırken bu davranışı dikkate almayınız. Bu maddede kastedilen davranış çoğunlukla çocuğun ne kadar keyifsiz, huzursuz olduğuna bağlıdır. Bu da, çocuğun bağlanmaya ilişkin özelliklerinden çok, mizacının veya içinde bulunduğu durumun bir özelliğine bağlı olabilir. Bu maddenin güvenli üs davranışıyla ne kadar ilişkili olduğu ise araştırmalarca ortaya çıkarılacaktır.

Çocuk üzüntülü olduğunda kendiliğinden anneye yaklaşıyorsa veya annenin çocuğu kucağa aldığı durumlarda fiziksel temas çocuğu rahatlatıyorsa maddeyi düşük değerlendirin; ancak küme 3'ten düşük değerlendirmeler için çocuğun diğer yetişkinlerin rahatlatmasını kabul etmediğini net bir şekilde görmek gereklidir (örneğin, ağladığında annesi çocuğu başka bir yetişkinin kucağına vermek istediğinde çocuk bunu reddediyorsa). Bu maddeyi gözlemlerken sıkıntılı olduğu durumlarda herhangi bir müdahalede bulunmayıp çocuğun tepkisini beklemek daha doğrudur.

4. Çocuk oyuncaklara ve/ya ev hayvanlarına karşı dikkatli ve naziktir.

Açıklama: Bu bir "dolgu" maddesidir. Bu madde, bilişsel stille ya da küçük kardeşlerin veya ev hayvanlarının bakımıyla ilgili anne-baba davranışlarını taklit etmeyle ilişkili olabilir. Güvenli üs kavramıyla ilgili bir içerik taşımamaktadır. Yine de, bu maddeyi doğru puanlamak önemlidir. Yabancı Durum ölçümünde kaygılı/dirençli bağlanma grubunda sınıflandırılan küçük çocuklar, ayrılık öncesi dönemlerde bile, dikkatlerini oyuncaklarına yöneltmek yerine onları etrafa atma ve vurma eğilimi gösterirler. Hem kaygı hem de yaşın küçük olması, bu davranışı açıklayabilir. Dolgu maddeleri, sınıflandırma setinin gruplandırılmasını kolaylaştırır. Ayrıca bu maddeler sınıflandırma setinin sadece güvenli bağlanmaya odaklanmasının önüne geçer. Bu da, annelerin gözlemci olarak kullanıldığı durumlarda gözlem istenirliğini/ yanlılığını azaltabilir.

5. Çocuk nesne/eşya/ oyuncaklardan çok insanlarla ilgilenir.

Düşük: İnsanlardan çok nesne/eşya/ oyuncaklarla ilgilenir.

Açıklama: Bu bir "dolgu" maddesidir. Bu madde, yetişkin kişiliği kuramcılarının "kişi-nesne yönelimi" olarak adlandırdıkları kişilik özelliğiyle ilişkili olabilir. Bu davranış güvenli üs kavramıyla ilgili bir davranış değildir. Güvenli bağlanmanın insanlara pozitif yaklaşmayla ilişkili olması beklenebilir; ancak gözlemcilerin görevi, gözlem yaptıkları davranıştan güvenli bağlanmayla ilgili çıkarımlar yapmak değildir, görevleri sadece gördüklerini aktarmaktır.

Sosyal olma ya da girişkenlikle ilgili ipuçlarının güvenli üs davranışı puanlandırmasını etkilemesine izin vermemek gerekir. "Dolgu" maddeleri gereklidir. Sınıflandırma setindeki tüm maddeler anneyi güvenli üs olarak kullanmakla ilgili olsaydı, değerlendirme yapmak çok zor olurdu; çocuk oldukça güvenli bağlandığı halde bazı maddelere düşük puan vermek zorunda kalınılırdı. Ayrıca bu maddeler sınıflandırma setinin sadece güvenli bağlanmaya odaklanmasının önüne geçer. Bu da, annelerin gözlemci olarak kullanıldığı durumlarda gözlem istenirliğini/ yanlılığını azaltabilir.

BAĞLANMA DAVRANIŞLARI SINIFLANDIRMA SETİ (BDSS) | 101

6. Çocuk annesinin yanındayken oynamak istediği bir şey gördüğünde mızırdanır veya annesini o yöne çekiştirir.

Düşük: Mızırdanmadan veya annesini çekiştirmeden istediği şeye yönelir.

Açıklama: Annenin uzağında keşif yapmak, güvenli üs olgusunun temel parçasıdır. Dolayısıyla bu madde, güvenli üs davranışının tam tersini tarif ediyormuş gibi görünebilir. Yine de, bu durumda çocuk etrafa karşı ilgisini korur ve anne yakınlığını rahatlatıcı bulur. Dolayısıyla bu, daha çok Yabancı Durum ölçümündeki B4 çocuğunun görüntüsüdür. Belki de bu, korku eşiği düşük olan çocukların gösterdiği bir davranıştır. Gözlemciler, bu davranışın anlamı hakkında peşin hüküm vermemelidirler. Bu davranış çok yaygın değildir. Birçok çocuk bu tanımlamanın neredeyse tam tersidir; bu yüzden bu madde çoğunlukla ortanın biraz daha aşağısında sınıflandırılır.

7. Çocuk hemen hemen herkesle birlikteyken kolaylıkla gülümser veya güler.

Düşük: Annesi çocuğu başkalarının yapabildiğinden daha kolaylıkla gülümsetebilir veya güldürebilir.

Açıklama: Bu bir "dolgu" maddesidir. Bu madde, sosyallikle veya olumlu duygu için düşük bir eşikle ilgili olabilir. *Bu davranış güvenli üs kavramıyla ilgili olarak ölçülen bir davranış değildir.* Yine de, bu maddeyi tam doğru olarak puanlamak önemlidir. Çocuğun gözlemciye karşı tepkisini belirlemenin yanı sıra anneye bu davranışın görülüp görülmediğini ve sıklığını sorunuz. "Dolgu" maddeleri, sınıflandırma setinin daha kolay sınıflandırılmasını ve bağlanma güvenliği üzerindeki vurgusunu daha az hissedilir hale getirirler. Bu, annelerin gözlemci olarak kullanıldığı durumlarda gözlemdeki sosyal istenirliği azaltabilir. "Dolgu" maddesi olarak işe yaramanın yanı sıra sınıflandırma setindeki mizaçla ilgili maddeler, ayırt edici geçerliğinin ölçülmesine de yardım etmektedir.

8. Ağladığında çok uzun ve bağırarak ağlar.

Düşük: Sessizce veya içini çekerek ağlar, bağırarak ağlamaz veya ağlaması uzun sürmez.

Açıklama: Bu bir "dolgu" maddesidir. Bu madde olsa olsa, Thomas ve Chess'in çalışmasında "tepki şiddeti" olarak tanımlanan kişilik özelliği ile ya da olumsuz duygu veya aktivite seviyesini ölçen bir değişken ile ilişkilendirilebilir. *Bu davranış güvenli üs kavramıyla ilgili olarak ölçülen bir davranış değildir.* Yine de, bu maddeyi doğru olarak puanlamak önemlidir. Bu davranışı puanlarken çevre koşullarını dikkate almaya özen gösterin. Düşme sonrasındaki kuvvetli ağlamaları değerlendirmek kolaydır. Anne müdahaleci olduğu zamanlardaki veya anne ve çocuğun isteklerinin çatıştığı anlardaki benzer ağlamaları değerlendirmek daha zordur. Böyle bir durumda, annenin veya durumun ağlamanın şiddetine katkıda bulunduğunu hesaba katmak gerekir. Puanlamanızı buna göre yumuşatın. Çocuğun ağlamasıyla ilgili yorumunuzu onaylayacak (veya yanlışlayacak) diğer olumsuz duygu örneklerinden de yararlanın.

9. Çocuk çoğu zaman tasasız, neşeli ve oyuncudur.

Düşük: Çocuk çoğu zaman ciddi, üzgün veya canı sıkkın olma eğilimindedir.

Açıklama: Bu madde, güvenli üs davranışıyla ilgili bir boyutu değil, bir mizaç özelliğini kastetmektedir. Gözlemci sadece çocuğun davranışını tarif etmelidir. Kişi, olumlu duyguyu bazı durumlarda mizaca diğerlerinde ise güvenli bağlanmaya güvenilir olarak atfedemez. Bağlanma kuramı, tehdit içermeyen çevre koşullarında olumlu duygunun hem doğal etkileşime hem güvenli üs davranışına eşlik etmesini bekler. Şüphesiz, çocuk çoğu zaman tasasız, neşeli ve oyuncu olabilir; yine de annenin nerede olduğunu ve yaptığı şeyleri izleme, belli bir uzaklıktan duygusal paylaşıma girme, kendiliğinden ona geri dönme veya fiziksel temastan hoşlanma gibi davranışlara ilişkin bazı işaretleri gösterebilir. "Bağlanma güvenliği" ölçüt sınıflandırması (bkz. Yöntem bölümü) güvenli üs davranışlarına, yalnızca pozitif duyguya verdiğinden daha çok ağırlık verir. Fakat eğer hem güvenli üs maddeleri hem de pozitif duygu maddeleri birlikte yüksek puan alırsa, çocuk daha yüksek bir bağlanma güvenliği puanı alır. Bu akla uygun görünmekle birlikte eğer bu maddeyi "Bağlanma güvenliği" ölçüt sınıflandırmasının ortasına yaklaştırmak Yabancı Ortam ölçümüyle olan ilişkiyi artırıyorsa, o zaman kriter sınıflandırmasını yeniden gözden geçirip düzenlemek anlamlı olabilir.

10. Annesi öğle uykusuna veya akşam yatmaya götürürken çocuk sıklıkla ağlar veya direnir.

Düşük: Yatağa giderken ağlamaz veya direnmez.

Açıklama: Bu bir "dolgu" maddesidir. Güvenli üs kavramıyla ilgili bir ima amaçlanmamıştır. Eğer ziyaret süresince çocuk yatağa götürülmemişse, bu madde sadece annenin verdiği bilgiye göre puanlandırılabilir. Bu madde çok ender olarak 5. kümeden uzakta sınıflandırılır. Eğer BDSS gözden geçirilip düzenlenirse, bu maddenin dağılımdan çıkartılması ihtimal dahilindedir. "Dolgu" maddeleri gereklidir. Sınıflandırma setindeki tüm maddeler anneyi güvenli üs olarak kullanmakla ilgili olsaydı, değerlendirme yapmak çok zor olurdu; çocuk oldukça güvenli bağlandığı halde bazı maddelere düşük puan vermek zorunda kalınırdı. "Dolgu" maddeleri başka amaçlara da hizmet edebilmektedir. Örneğin, bu maddeler sınıflandırma setinin bağlanma güvenliği üzerindeki vurgusunu daha az hissedilir hale getirir. Bu da, annelerin gözlemci olarak kullanıldığı durumlarda gözlemdeki sosyal istenirliği azaltabilir.

11. Çocuk annesi açıkça istekte bulunmadan veya çağırmadan da sıklıkla ona sarılır veya sokulur.

Düşük: Çocuk annesi istemeden veya önce o sarılmadan annesine sokulmaz veya sarılmaz.

Açıklama: Bu madde, oyun veya etkileşim sırasındaki sadece dokunma amacıyla yapılan fiziksel teması kasteder; çocuğun keyifsiz olduğu zamanlardaki teması kastetmez. Mary Blehar, Mary Ainsworth ve Mary Main'in bulguları, fiziksel temastan hoşlanmanın olumlu güvenli üs davranışının bir öncülü ve önemli bir boyutu olduğuna işaret etmektedir. Buna dayanılarak, stressiz ortamlarda fiziksel temasa karşı isteksiz olan bir çocuğun bundan hoşlanan bir çocuğa nazaran keyifsiz olduğunda temas isteme veya temasla rahatlatılabilme olasılığının daha düşük olacağı öne sürülebilir (bkz. madde 44).

12. Çocuk ilk başta çekingenlik gösterdiği veya kendisini korkutan kişi ve eşyalara hemen alışır.

Orta: Hiç çekingenlik göstermez veya korkmaz.

Düşük: İnsanlara veya eşyalara geç alışır.

Açıklama: Bu bir "dolgu" maddesidir. Bu madde, "çabuk ısınabilen" diye tanımlanan bir mizaç özelliği ya da korkulu olmanın göstergesi ile ilgili olabilir. Güvenli üs kavramıyla ilgili bir ima amaçlanmamıştır. Şayet çocuk, korkusunu veya utangaçlığını büyük ölçüde annesinden yardım alarak yeniyorsa, buna odaklanın. Eğer anne sürekli yanı başındaysa ve ona bilfiil yardım ediyorsa, tüm yapabileceğiniz bu maddeyi 5. kümeye yerleştirmektir. Annenin varlığının ve cesaretlendirilmesinin etkinliği hakkındaki maddeler 7, 60 ve 71. maddelerdir.

Çocuğun gözlemciye karşı tepkisini belirlemenin yanı sıra, anneye bu davranışın görülüp görülmediğini ve sıklığını sorunuz. Eğer ziyaret süresince ilgili bir davranış gözlemleyemezseniz, anneye sormak bu maddeyi değerlendirmenin tek yoludur. Giriş kısmında belirtildiği gibi yalnızca annenin verdiği bilgiye dayanarak maddeleri, sıralamanın ortasından çok uzak bir yerde sınıflandırmak doğru değildir.

"Dolgu" maddesi olarak işe yaramanın yanı sıra, sınıflandırma setindeki mizaçla ilgili maddeler, ayırt edici geçerliğinin ölçülmesine de yardım etmektedir. "Dolgu" maddeleri gereklidir. Sınıflandırma setindeki tüm maddeler anneyi güvenli üs olarak kullanmakla ilgili olsaydı, değerlendirme yapmak çok zor olurdu; çocuk oldukça güvenli bağlandığı halde bazı maddelere düşük puan vermek zorunda kalınırdı. "Dolgu" maddeleri başka amaçlara da hizmet edebilmektedir. Örneğin, bu maddeler sınıflandırma setinin bağlanma güvenliği üzerindeki vurgusunu daha az hissedilir hale getirirler. Bu da, annelerin gözlemci olarak kullanıldığı durumlarda gözlemdeki sosyal istenirliği azaltabilir.

13. Çocuk annesinin ayrılmasına üzüldüğünde, o gittikten sonra ağlamaya devam eder ve hatta öfkelenir.

Orta: Annesinin ayrılmasına hiç üzülmez.

Düşük: Annesi gittikten hemen sonra ağlamayı keser.

Açıklama: "Kızgın" ağlama kavramını ölçmek zordur. Yine de, gözlemciler bunu duyduklarında genellikle tanımaktadırlar. Yabancı Durum ölçümünün puanlama yönergesi bu kavramla, A2 ve C çocuklarının ayrılma davranışıyla ve C'lerin yeniden bir araya gelme sırasındaki karşı koyma davranışıyla beraber görülen kızgın ağlamayı kasteder. Ayrılmaya tepki olarak ağlama, ev ziyaretleri sırasında çok sık gözlenmez. Sonuç olarak bu madde genellikle dağılımın ortasına yakın düşer. Diğer durumlarda da kızgın ağlamayı çok görebilirsiniz (örn. anne çocuğun istediği bir şeyi yapmasına veya almasına izin vermezse). Bu tip davranışı bu madde kapsamında değerlendirmeyin.

14. Çocuk oynayacağı yeni bir şey bulduğunda, onu annesine götürür veya odanın diğer tarafından annesine gösterir.

Düşük: Bulduğu yeni şeyle sessizce oynar veya oyununun bölünmeyeceği bir yere gider.

Açıklama: Bu madde, Alan Sroufe ve diğerlerinin "duygusal paylaşım" diye tanımladıkları davranışı kastetmektedir. Her ne kadar bu davranışı gösterenlerin oranları tam olarak belirlenmemişse de, güvenli çocuklar Yabancı Ortamda bu davranışı gösteren yegâne çocuklardır. Bu madde, güvenli üsle ilişkili tüm davranışları tanımlayabilmek için sınıflandırma setine dahil edilmiştir. Ne kadar çok güvenli üs davranışı dahil edilirse, güvenli ve güvensiz çocuk arasındaki ayırım o kadar güvenilir bir şekilde yapılabilir. Sınıflandırma verisinden bu hareketi yapan çocukların yüzdesinin belirlenememesi, sınıflandırma yönteminin dezavantajlarından biridir. Bu, yöntemin avantajlarına karşı ödenen bir bedeldir.

15. Annesi ondan isterse, çocuk yeni tanıdığı insanlarla ko-nuşmaya isteklidir, onlara oyuncaklarını ve neler yapabildiğini gösterir.

Düşük: Annesinin istemesi, çocuğun başkalarıyla etkileşime girme isteğini artırmaz.

Açıklama: Ainsworth'ün çalışmaları, eğer bir bağlanma figürü mevcutsa çocukların keşif yaparken genelde daha güvenli hissettiğini göstermektedir. Joe Campos ve diğer araştırmacıların (1981) çalışmaları da, çocukların, sosyal durumların güvenli olup olmadığını değerlendirmek için bakıcılarının verdiği ipuçlarına dikkat ettiğini göstermektedir. Bu madde, bu alanlardaki davranışları değerlendirir. Bu davranış duruma çok duyarlıdır. Bu madde, annenin yakında, olumlu ve cesaretlendirici olduğunu ve çocuğun insanlara karşı az da olsa merakının olduğunu (biraz utangaç olsa bile) varsaymaktadır. Buna rağmen anne bazen odanın bir köşesinden açıkça emirler yağdırabilir veya çocuğu etkileşime girmesi için zorlar. Bu maddeyi bu tip olaylara dayanarak gereğinden daha yüksek değerlendirmeyin.

Çocuğun paylaşmaya istekli olduğu veya annenin önerisi olmadan ilgi gösterdiği durumlarda da bu maddeyi gereğinden daha yüksek değerlendirmeyin; burada annenin önerileri ve cesaretlendirmeleri çocuğun davranışını teşvik etmekten çok ona eşlik eder. Bu davranışın güvenli üs davranışıyla ilgisi hakkında peşin hüküm vermeyin. Bu davranış büyük olasılıkla bağlanma güvenliğinden ziyade sosyalliği yansıtmaktadır. Bu maddeyi dikkatlice puanlayın ve bunun güvenli bağlanmayla ilişkisinin ortaya çıkmasına izin verin.

16. Çocuk, bebek veya oyuncak hayvan gibi canlı şeylere benze-yen oyuncaklarla oynamayı tercih eder.

Düşük: Toplar, küpler, oyuncak tencere-tava gibi oyuncaklarla oynamayı tercih eder.

Açıklama: Bu bir "dolgu" maddesidir. İçeriğine rağmen sosyallikle ilişkili olma ihtimali düşüktür. Bu madde, toplumsal cinsiyet rollerine bağlı oyuncak tercihleri ile ilgili olabilir. Güvenli üs kavramıyla ilgili bir ima amaçlanmamıştır. Yine de, bu maddeyi doğru puanlamak önemlidir.

"Dolgu" maddeleri gereklidir. Sınıflandırma setindeki tüm maddeler anneyi güvenli üs olarak kullanmakla ilgili olsaydı, değerlendirme yapmak çok zor olurdu; çocuk oldukça güvenli bağlandığı halde bazı maddelere düşük puan vermek zorunda kalınırdı. "Dolgu" maddeleri başka amaçlara da hizmet edebilmektedir. Örneğin, bu maddeler sınıflandırma setinin bağlanma güvenliği üzerindeki vurgusunu daha az hissedilir hale getirir. Bu da, annelerin gözlemci olarak kullanıldığı durumlarda gözlemdeki sosyal istenirliği azaltabilir.

17. Yeni tanıdığı yetişkinler çocuğu kızdıracak bir şey yaptığında çocuk onlara olan ilgisini hemen kaybeder.

Açıklama: Bu bir "dolgu" maddesidir. Bu davranış (düşük) sosyallik ile veya olumsuz duygunun yoğunluğu ile ilgili olabilir. *Bu davranış güvenli üs kavramıyla ilgili olarak ölçülen bir davranış değildir.* "Dolgu" maddeleri gereklidir. Sınıflandırma setindeki tüm maddeler anneyi güvenli üs olarak kullanmakla ilgili olsaydı, değerlendirme yapmak çok zor olurdu; çocuk oldukça güvenli bağlandığı halde bazı maddelere düşük puan vermek zorunda kalınırdı. "Dolgu" maddeleri başka amaçlara da hizmet edebilmektedir. Örneğin, bu maddeler sınıflandırma setinin bağlanma güvenliği üzerindeki vurgusunu daha az hissedilir hale getirir. Bu da, annelerin gözlemci olarak kullanıldığı durumlarda gözlemdeki sosyal istenirliği azaltabilir.

18. Çocuk, annenin önerilerini emir şeklinde söylenmese bile kolayca yerine getirir.

Düşük: Emir verilmedikçe görmezden gelir veya yapmayı reddeder.

Açıklama: Bu davranış birçok şekilde tanımlanabileceği halde bu maddeyi bir "dolgu" maddesi olarak değerlendirmek en iyisidir. Bu madde güvenli üs davranışından çok, annenin, çocuğun davranışını ne zaman değiştirip ne zaman değiştirmeyeceğine dair sezgisi hakkında fikir vermektedir. Bu davranış hakkında daha çok şey öğrenmenin en iyi yolu, gözlemcilerin yalnızca gördüklerini aktarmaları ve yorumların veri analizi sırasında oluşturulmasıdır.

19. Çocuk, annesi bir şey getirmesini veya kendisine vermesini istediğinde söz dinler. (Çocuk açıkça karşı gelmedikçe, oyun ya da şaka yollu yapılan itirazları saymayın.)

Düşük: Annenin çocuktan bir şey alması için kendisinin alması veya sesini yükseltmesi gerekir.

Açıklama: Bu davranış hem annenin çocuğun davranışını ne zaman değiştirip ne zaman değiştirmeyeceği konusundaki sezgisini hem de çocuğun anneyle olan uyumlu veya müdahaleci etkileşim geçmişini yansıtır. Key Ling Lay tarafından yapılan çalışmalar annenin müdahaleci olmayan davranışlarının çocuğu olumlu bir duygu durumuna soktuğunu ve bu pozitif ruh halinin itaati artırdığını göstermiştir. Bu davranış birçok ortamda meydana gelebilir. Örneğin, annenin bir şeye ihtiyacı olabilir ve bunu çocuktan isteyebilir. Annenin çocuğun oynadığı bir oyuncağı istediği, oyununa katılarak çocuğa bir şeyin nasıl yapılacağını gösterdiği veya bir şeyi çocuktan uzaklaştırmaya çalıştığı durumlar da bu davranışın gözlenebileceği durumlardır. Annenin açıkça çocuğun bir şeyle oynamasını durdurmak istediği zamanlardaki reddetmeleri, gerekenden fazla puanlamayın.

20. Çocuk birçok çarpma, düşme veya irkilmeyi göz ardı eder.

Düşük: Küçük bir çarpma, düşme veya irkilmeden sonra ağlar.

Açıklama: Bu bir "dolgu" maddesidir. Bu davranış olumsuz duygu için yüksek eşik gibi bir mizaç özelliğiyle ilgili olabilir. *Bu davranış güvenli üs kavramıyla ilgili olarak ölçülen bir davranış değildir.* "Dolgu" maddeleri gereklidir. Sınıflandırma setindeki tüm maddeler anneyi güvenli üs olarak kullanmakla ilgili olsaydı, değerlendirme yapmak çok zor olurdu; çocuk oldukça güvenli bağlandığı halde bazı maddelere düşük puan vermek zorunda kalınırdı. "Dolgu" maddeleri başka amaçlara da hizmet edebilmektedir. Örneğin, bu maddeler sınıflandırma setinin bağlanma güvenliği üzerindeki vurgusunu daha az hissedilir hale getirir. Bu da, annelerin gözlemci olarak kullanıldığı durumlarda gözlemdeki sosyal istenirliği azaltabilir.

21. Çocuk evde oynarken annesinin nerede olduğunu takip eder.

Zaman zaman annesine seslenir; annesinin ne yaptığının, odadan odaya geçtiğinin farkındadır.

Orta: Çocuğun anneden ayrı oynayacağı bir yeri yoktur veya anneden uzakta oynamasına izin verilmez.

Düşük: Annesinin nerede olduğunu takip etmez.

Açıklama: Bu davranış güvenli üs olgusunun temel unsurudur. Bunu evde gözlemlemek zor olabilir, çünkü çocuk annesinin davranışına alışıktır ve en ufak bir ipucundan bile onun ne yaptığını veya yapmak üzere olduğunu söyleyebilir. Bunu, anneyi takip etmedeki başarısızlık ile karıştırmayınız.

Takip etme başarısızlığının bir belirtisi, çocuğun annesini kontrol ettikten sonra aradan çok uzun süre geçmiş olması ve dolayısıyla çocuğun anneyi çağırmak veya aramak zorunda kalmasıdır. Eğer çocuk belli bir yere gidip beklediği gibi annesini bulamamışsa da aynı sonuca varabilirsiniz. Fakat bu bariz işaretler evde nadir olarak görülür. Çoğunlukla, takip etmedeki başarısızlık açıkça izlemenin ve işaretler vermenin eksikliğinden ve çocuğun yapmakta olduğu şeye olan ilgisinin derinliğinden çıkartılmalıdır

Gözlemci, çocuğun, annesinin yerini ve aktivitelerini izlemediğinden şüphelendiği takdirde çocuğa "Annen nerede, ne yapıyor?" diye sorması uygundur. Cevaba olması gerekenden daha fazla anlam yüklemeyin; çocuk şans eseri de doğru tahmin edebilir. Çocuğun verdiği cevaba olan inancına dikkat edin. Bu tip sorgulamaya dayanarak bu maddeyi gerektiğinden yüksek değerlendirmeyin.

Not: Gözlemcilerin çocukla etkileşime girmesi uygundur, bu neredeyse engellenemez. Yine de, çocuğun dikkatini doğal güvenli üs davranışı (takip etme gibi) veya çocuk-anne etkileşiminden başka yerlere çekebilecek kadar çok eğlendirici olmamaya özen gösterin.

22. Çocuk, oyuncak bebeklere, ev hayvanlarına ve bebeklere karşı sevecen bir ebeveyn gibi davranır.

Orta: Çocuğun oynayacağı ya da ulaşabileceği oyuncak bebek, evcil hayvan ya da bebek yoktur.

Düşük: Bunlarla farklı bir şekilde oynar.

Açıklama: Madde 4 ("Çocuk oyuncaklara ve ev hayvanlarına karşı dikkatli ve naziktir") ve madde 16 ("Çocuk, bebek veya oyuncak hayvan gibi canlı şeylerin oyuncaklarıyla oynamayı tercih eder") gibi bu madde de bir "dolgu" maddesidir. Güvenli üs kavramıyla ilgili bir ima amaçlanmamıştır. Bu davranış büyük olasılıkla çocuktaki taklit davranışları ile mizaç özelliklerinin etkileşimini yansıtmaktadır. Taklit davranışları, annenin çocuğa karşı davranışlarının, çocuğa örnek olsun diye onun oyuncaklarına gösterdiği davranışların veya annenin çocuğun küçük kardeşine karşı davranışlarının taklidi olabilir. Mizaç özellikleri ise hareketlilik düzeyi, dürtüsellik ve olumlu duyguyu kapsayabilir. Gözlemciler çocukta gözlemledikleri taklit davranışlarından ya da mizaç özelliklerinden etkilenmeden, sadece maddede belirtilen davranışın varlığını ya da yokluğunu değerlendirmelidirler.

23. Anne aileden birileriyle birlikteyken veya onlara ilgi ve sıcaklık gösterirken, çocuk annenin ilgi ve sıcaklığını kendisine çekmeye çalışır.

Düşük: Annenin başkalarına ilgi ve sıcaklık göstermesine izin verir, kıskançlık göstermeden onlara katılır.

Açıklama: Annesi aileden başka birileriyle birlikteyken çocuğun araya girmek istemesi veya buna karşı çıkması, annesinin ulaşılabilirliği ve duyarlığına olan güveninin zayıf olduğunu gösterir. Çocuğun bu durumu kabul etmesi veya aralarına katılması ise çocuğun annesi başkalarıyla etkileşim içindeyken bile onun ulaşılabilir ve duyarlı olduğuna olan inancının azalmadığına işarettir. Başka bazı sınıflandırma maddeleri de annesi başka bir aktiviteyle (örnek: ziyaretçiyle konuşma, evde başka bir işle uğraşma) uğraşırken çocuğun onun ulaşılabilirliği ve duyarlığına olan güveniyle ilgilidir. Aynı durumu farklı ortamlarda ölçmek, ölçüt sınıflandırmalarına veya maddelerin alt kümelerine dayanılarak yapılan puanlamaların güvenirliğini artırmak için sınıflandırma setinde kullanılan bir stratejidir.

24. Anne çok kararlı konuştuğunda veya ona karşı sesini yükselttiğinde, çocuk annesini mutsuz ettiği için üzülür, keyfi kaçar veya utanır.

(Çocuk sırf yüksek sesten huzursuz olduğu veya ceza almaktan korktuğu için yüksek puan vermeyin.)

Düşük: Bu tür davranışlar çocuğun keyfini kaçırmaz veya onu huzursuz etmez.

Açıklama: Bu davranış, ebeveyn değerlerinin içselleştirilmesiyle ilgili olabilir. Bunun bağlanma güvenliğiyle ilişkili olup olmadığını anlamak için böyle bir madde oluşturulmuştur (Cevapla ilgili peşin hükümde bulunmayın). Bu tür bir davranış seyrek olarak görülmektedir. Buna rağmen, gözlemciler bu davranışa karşı tetikte olmalı, bunu dikkatlice puanlandırmalıdırlar. Bu madde sınıflandırmanın orta kısmından yukarıya nadiren konulmaktadır. Annenin kararlı konuşmasına karşılık çocuğun ona sinirli tepkiler verdiği durumlar belirgin bir şekilde görülürse, bu madde düşük puanlanabilir.

25. Annenin görüş alanının dışında oynarken çocuk kolayca annesinin gözünden kaçabilir.

Orta: Çocuk annenin görüş alanı dışında hiç oynamaz.

Düşük: Çocuk görüş alanının dışındayken seslenir ve konuşur, kolayca ne yaptığı takip edilebilir, bulması kolaydır.

Açıklama: Güvenli üs ilişkisinin iyi gitmesi için her iki tarafın da aktif bir rol üstlenmesi gerekir. Çocuğun kolay göz kulak olunabilir olması, annenin üstüne düşeni yapmasını kolaylaştırır. Yakınlığın korunmasına yönelik davranışlar, seslenme, ses çıkarma ve uzaktayken girilen etkileşimler gibi çocuğun göz-kulak olunabilirliğini artıran etkileşimlerin bilinçli olarak yapılması gerekmez. Bu tür etkileşimler sıradan oyun ve keşif davranışlarına eşlik eder. Yabancı Ortam durumunda çocukların, anneleri odanın dışına çıktığında daha fazla ses çıkardıkları ve mırıldandıkları sıklıkla görülür. "Göz kulak olunabilirlik" bu davranışın beklenen sonucudur; fakat bebeğin "kasıtlı olarak" neden olduğu bir sonuç değildir.

26. Annesi çocuğu evde bakıcısı, babası veya büyükanne/büyükbabasıyla bıraktığında çocuk ağlar.

Düşük: Çocuk bu kişilerle bırakıldığında ağlamaz.

Açıklama: BDSS çeşitli durumlarda ağlama davranışını gözlemlemek için bazı maddeler içermektedir. Bu maddeler, işi bozulduğunda, anne odadan odaya geçtiğinde, güvenli üs ilişkisi sırasındaki geçişlerin ortasında ve hatta canı acıdığında çocuğun ağlaması hakkındadır. Buradaki önemli nokta, ağlamanın sadece mizaca ilişkin bir gösterge olmadığı, aksine ağlamanın "ne anlama geldiğinin" duruma bağlı olarak değerlendirilmesi gerektiğidir. Anneye bu davranışın görülüp görülmediğini yargılama içermeyen bir biçimde sorunuz.

Bu davranış ile güvenli üs davranışları ve genel bağlanma güvenliği arasındaki ilişki hakkında peşin hüküm vermeyiniz. Bu davranış, genelde annenin verdiği bilgiye göre ölçüldüğü için madde nadiren sınıflandırmanın ortası dışında bir yere konulmaktadır.

27. Annesi şakalaşıp takıldığında çocuk güler.

Orta: Oyun veya konuşma sırasında anne çocukla hiç şakalaşmaz.

Düşük: Anne şaka yaptığında çocuğun canı sıkılır.

Açıklama: Bu madde, çocuğun annenin müdahalesini içeren geçmişteki etkileşimlerini yansıtabileceği düşüncesiyle sınıflandırma setine dahil edilmiştir. Bunun şu andaki güvenli üs davranışlarına etkisi olup olmadığını görmek ilginç olabilir. Bu davranış, çocuk ya da bebeklerle yapılan ev gözlemlerinde seyrek olarak görülmektedir. Belki yaşça daha büyük çocuklarda veya baba-çocuk etkileşimlerinde bu davranış daha sık ortaya çıkabilir. Davranışın görülme sıklığı yabancı kişilerin varlığı yüzünden de azalıyor olabilir. Bu madde nadiren sınıflandırmanın ortası dışında bir yere konulmaktadır.

28. Çocuk annesinin kucağında rahatlamaktan hoşlanır.

Orta: Çocuk hiç yerinde durmaz.

Düşük: Yerde veya koltukta oturarak rahatlamayı tercih eder.

Açıklama: Bu davranış güvenli üs davranışlarının bir parçasıdır. Yakın fiziksel temastan hoşlanan bir çocuğun stresli olduğu durumlarda bu teması rahatlatıcı bulması beklenir. Çocuk teması sağlarken talepkâr veya rahat davranabilir ya da teması başlatan anne olabilir. Temas kurulduğunda çocuğun davranışına odaklanın. Rahatlamış bir duruş, anneye sarılmak, onu okşamak ve uzun süreli temas ilgili davranışlara örnektir.

Çocuk birden daha fazla kez teması reddederse, rahatsız görünürse veya teması hemen keserse bu maddeyi düşük değerlendirin. Tabii ki, çocuk fiziksel temastan hoşlandığı halde, anne sevilmek için oyununu keserse karşı koyabilir. Bu durum, düşük değerlendirmeyi gerektirmez. Çocuğun fiziksel temastan hoşlandığı olumlu bir davranış örneği genellikle, çocuğun karşı koyduğu veya yere bırakılmak için kıvrandığı bir örnekten daha çok şey anlatır. Not: Çocuk çok hareketliyse ve fiziksel temasın gerçekleşmesine yetecek kadar yerinde duramıyorsa, bu maddeyi değerlendiremezsiniz. Bu durumda, maddeyi küme 5'e koyun.

29. Bazen çocuk bir şeye kendini o kadar çok kaptırır ki başkaları ona bir şey söylediğinde duymaz.

Düşük: Oyuna kendini çok kaptırdığı zamanlarda bile çocuk başkaları kendisine konuştuğunda fark eder.

Açıklama: Bu bir "dolgu" maddesidir. Bu davranış "dikkatin derinliği"ni gösteren mizaç özelliği hakkında fikir verebilir. *Bu davranış güvenli üs kavramıyla ve çocuğun sosyalliğiyle ilgili olarak ölçülen bir davranış değildir.* "Dolgu" maddeleri gereklidir. Sınıflandırma setindeki tüm maddeler anneyi güvenli üs olarak kullanmakla ilgili olsaydı, değerlendirme yapmak çok zor olurdu; çocuk oldukça güvenli bağlandığı halde bazı maddelere düşük puan vermek zorunda kalınırdı. "Dolgu" maddeleri başka amaçlara da hizmet edebilmektedir. Örneğin, bu maddeler sınıflandırma setinin bağlanma güvenliği üzerindeki vurgusunu daha az hissedilir hale getirir. Bu da, annelerin gözlemci olarak kullanıldığı durumlarda gözlemdeki sosyal istenirliği azaltabilir.

30. Çocuk, oyuncaklarına çok çabuk kızar.

Düşük: Çocuk oyuncaklarına kolay kolay kızmaz.

Açıklama: Bu bir "dolgu" maddesidir. Bu davranış düş kırıklığına tahammülün düşüklüğünü veya olumsuz duygu için düşük bir eşiği yansıtabilir. *Bu davranış güvenli üs kavramıyla ilgili olarak ölçülen bir davranış değildir.* "Dolgu" maddeleri gereklidir. Sınıflandırma setindeki tüm maddeler anneyi güvenli üs olarak kullanmakla ilgili olsaydı, değerlendirme yapmak çok zor olurdu; çocuk oldukça güvenli bağlandığı halde bazı maddelere düşük puan vermek zorunda kalınırdı. "Dolgu" maddeleri başka amaçlara da hizmet edebilmektedir. Örneğin, bu maddeler sınıflandırma setinin bağlanma güvenliği üzerindeki vurgusunu daha az hissedilir hale getirir. Bu da, annelerin gözlemci olarak kullanıldığı durumlarda gözlemdeki sosyal istenirliği azaltabilir.

31. Çocuk, annesinin ilgi odağı olmak ister. Anne meşgulse veya başka biriyle konuşuyorsa araya girer.

Düşük: Çocuk annesinin ilgi odağında değilse, bunu fark etmez veya buna aldırmaz.

Açıklama: Bu davranış annenin ulaşılabilirliğine ve duyarlığına olan güven eksikliğini yansıttığı ölçüde önemlidir. İlgili davranışlar huysuzluk ve sıkıntıyla gölgelenebilir. Anne daha önce bu davranışı teşvik etmişse, çocuk yine annenin ilgi odağı olmaya çalışabilir. Bu tür durumlarda çocuk bağımlı gibi görünebilir, ancak duygusal durum olumludur; çocuk annenin dikkatini kolayca geri kazanabilmeyi bekler. Böyle durumlarda maddeyi sınıflandırmada çok yüksek (küme 7'den büyük) değerlendirmeyiniz. Çocuk, anne başka bir şeye veya kişiye ilgi gösterirken izleyici olmaktan veya kendi başına bir şeyler yapmaktan tatmin oluyorsa bu maddeyi düşük değerlendirin. Bu tür davranış annenin güvenli üs olarak kullanılmasına ilişkin bir problem değildir. Annenin ihtiyaç duyulduğunda ulaşılabilir ve duyarlı olacağına duyulan güveni yansıtır. Düşük sınıflandırma bağlanma güvenliğinin düşük olduğu

BAĞLANMA DAVRANIŞLARI SINIFLANDIRMA SETİ (BDSS) | 115

anlamına gelmez. Çocuk anneye sürekli olarak kayıtsız davranıyorsa, bu maddeyi küme 5'e koyun. Sınıflandırma setinde, bağlanmayla ilgili bir problem olduğuna işaret eden kayıtsızlığı yakalamak için başka maddeler vardır. Madde 21 ("Annesinin nerede olduğunu takip eder"), madde 36 ("Oynamak için uzaklaşır, geri döner veya annenin yanında oynar, tekrar uzaklaşır") ve madde 59 ("Faaliyetler arasında annesine dönmeksizin genellikle yapacak başka bir şey bulur") bunlara örnektir.

32. Anne hayır dediğinde veya cezalandırdığında çocuk istenmeyen davranışı bırakır (en azından o an için). İkinci kez söylemeye gerek kalmaz.

Düşük: Çocuk istenmeyen davranışını sürdürür.

Açıklama: Bu davranış birçok şekilde tanımlanabileceği halde buna bir "dolgu" maddesi olarak davranmak en iyisidir. Bu madde güvenli üs davranışından çok, annenin, çocuğun davranışını ne zaman değiştirip ne zaman değiştirmeyeceği konusundaki sezgisi hakkında fikir vermektedir. Bu davranış hakkında daha çok şey öğrenmenin en iyi yolu gözlemcilerin sadece gördüklerini aktarmaları ve yorumların, veri analizi sırasında oluşturulmasıdır.

33. Çocuk bazen annesine kucaktan inmek istediğini hissettirir; bırakıldığında ise huysuzlanır veya tekrar kucağa alınmak ister.

Düşük: Çocuk kucaktan inmek istediği anda oyuna gitmeye hazırdır.

Açıklama: Yabancı Ortamda bu davranış, C örüntüsünün (kaygılı/ dirençli) önde gelen belirtisidir. Bu madde sınıflandırma setine iki nedenle dahil edilmiştir. Birincisi bu davranışın Yabancı Ortam dışında ne sıklıkla ortaya çıktığını anlamanın önemli olması, ikincisi ise bu davranışın yakınlık ve fiziksel temasın her zamanki güvenli üs görevlerini yerine getirme konusundaki başarısızlığını belirgin olarak göstermesidir. Puanlamanızın basit öfke nöbetleri veya çocuğun bir şey istediği, annenin "Hayır" dediği ve her ikisinin de dediğinden caymadığı güç mücadelelerinden fazla etkilenmesine izin vermeyin. Çocuğun yakınlık veya fiziksel temas istediği ve bunlara ulaşabileceği ve hatta ulaşmış olduğu halde keyifsiz olduğu durumlara odaklanın.

(Not: Anne çocuğun keyifsiz kalmasına neden olacak şekilde duyarsız davranıyorsa veya çocuğun işine karışıyor/işini bozuyorsa bu maddeyi çok yüksek değerlendirmeyin.)

34. Çocuk, annesi yanından ayrıldığı için üzüldüğünde, bulunduğu yere oturur ve ağlar. Annesinin arkasından gitmez.

Orta: Annesi ayrıldığında hiç üzülmez.

Düşük: Üzülür veya ağlarsa hemen annesinin peşine düşer.

Açıklama: Anlaşılır, etkili ipuçları verme, yakınlık arama ve teması sürdürme davranışı, işlevsel bir güvenli üs ilişkisinin belirleyici özellikleri olarak tanımlanmaktadır. Yabancı Ortamda, kucağa alınmak için anneye yaklaşmak yerine mızıldanıp yakınlaşma girişimini tamamlayamama ve anneyle fiziksel temas kurarak kendini rahatlatamama güvensiz bağlanmanın önde gelen işaretleridir. Bu madde Yabancı Ortam için çok önemli olduğundan, sınıflandırma setinde yer almaktadır. Bu davranış ev gözlemlerinde nadiren görülmektedir. Yabancı Ortama ait birkaç videoda bu davranışı görmek gözlemciler için yararlı olabilir.

35.Çocuk annesinden bağımsızdır. Kendi başına oynamayı tercih eder, oynamak istediğinde annesinden kolaylıkla ayrılır.

Orta: İzin verilmiyorsa veya oynamak için yeterli alan yoktur.

Düşük: Anneyle birlikte veya ona yakın oynamayı tercih eder.

Açıklama: Bu madde bağımsızlık ve bağımlılık özelliklerine karşılık gelmektedir. Hem kuramsal hem de görgül olarak bunlar, özellikle 24. aydan sonra bağlanma güvenliğiyle ilişkisizdir. Çocuğun, annenin yerini ve ne yaptığını sürekli takip etmesi ve bu durumdan hoşnut olması bağımsız ve güvenli olmadığı anlamına gelmez. Benzer biçimde rahat ve gerçekten meşgul olan çocuğun anneye yakın bir yerde veya onunla oynamayı tercih etmesi de annenin ulaşılabilirliği ve duyarlılığı konusunda güvensiz olduğu şeklinde yorumlanmaz. Eğer çocuk anneye yakın oynamayı tercih ederse çocuğun rahat veya huzursuz olmasına bakmaksızın bu maddeyi düşük değerlendiriniz. Olumlu veya olumsuz duygu durumunun bağlanma güvenliğiyle ilgili doğurgularını kapsayan başka BDSS maddeleri vardır.

36. Çocuk, keşifleri için anneyi üs olarak kullandığını açıkça gösteren bir örüntü sergiler. Oynamak için uzaklaşır, geri döner veya annenin yanında oynar, tekrar uzaklaşır ve bu böyle sürer.

Düşük: Her zaman annenin yakınındadır veya annesi çağırmadığı/almadığı sürece hep uzaktadır.

Açıklama: "Attachment and Loss"ta Bowlby, oyun-temas-oyun döngülerinin bağlanma kontrol sistemine ait bir işlem olduğunu öne sürmüştür. Dolayısıyla güvenli üs döngüleri, bağlanmanın varlığı için bir ölçüttür. Bu madde, güven temelli bir örüntünün niteliğini değil, sadece varlığını değerlendirmektedir. Bu davranışa ev ortamına kıyasla, çocuğa yabancı ortamlarda rastlamak biraz daha kolaydır.

Yabancı Ortamda oyun-temas-oyun döngüleri 2-3 dakikada ortaya çıkmaktadır. Gözlemciler tanıdık ortamlarda Yabancı Ortamın aksine bu döngülerin 30 dakikada ortaya çıkmasının daha olası olduğunu akıllarında tutmalıdırlar. Ayrıca, bir oyun-temas-oyun döngüsünün çabuk olması yüksek puanlamayı gerektirmemektedir. Önemli olan davranışın ne kadar sık ya da çabuk ortaya çıktığı değil de ne kadar tipik bir döngü olduğudur.

Anneye dönüşlerin tümü birbiriyle aynı değildir. Temas, etkileşim veya duygusal paylaşımı sağlama adına yapılan dönüşler güvenli üs dönüşleridir. Bir şey yapmak için izin isteme, yiyecek yardım vb. amaçla annenin çocuğa dönmesi doğrudan güvenli üs davranışı olarak görülmemelidir. Bu yüzden, bu bir güvenli üs dönüşü müdür yoksa çocuk anneyi bir şeyler veren kişi olarak mı kullanmaktadır diye kendi kendinize sorun.

Belli bir mesafeden etkileşimle sonlanan oyunun da tam yaklaşma içeren oyun-temas-oyun döngülerine denk olduğu akılda tutulmalıdır. Bu davranışı gözlemlemeye çalışırken yaşanan sorunlardan biri, annenin sıklıkla çocuğu yanına çağırması, onun yanında durması veya çocuğu belli aralıklarla kontrol etmesidir. Bu aktiviteler çocuğun oyun-temasoyun döngülerine "kısa devre" yaptırır ve gözlemi olumsuz etkiler.

Evin büyüklüğü ve yerleşimi de güvenli üs döngülerinin görülmesinde bir faktör olabilir. Tüm bu ince ayrıntılar göz önüne alındığında, bu madde, yalnızca oyun-temas-oyun döngüleri görülmediği için orta düzeyde bir derecelemenin çok altına yerleştirilmemelidir. Düşük sınıflandırma çocuğun tipik olarak güvenli üs davranışı dışında bir şey yapması durumuna temellendirilmelidir. Maddenin de ifade ettiği gibi bu türden davranışlar, annenin aktivitelerine veya nerede olduğuna açık bir ilgisizlik veya annenin yanında kalıp asla ondan ayrılmaya cesaret edememektir.

37. Çocuk çok hareketlidir. Daima etrafta dolanır. Hareketli oyunları sakin oyunlara tercih eder.

Düşük: Çocuğun hareketlilik düzeyi düşüktür, sakin etkinlikleri tercih eder.

Açıklama: Bu madde mizaç özelliklerinden "hareketlilik düzeyi"ne karşılıktır. Aslında bu bir "dolgu" maddesidir. Ayırt edici geçerlik için kullanılan bir değişken bile değildir. *Bu davranış güvenli üs kavramıyla ilgili olarak ölçülen bir davranış değildir.* "Dolgu" maddeleri gereklidir. Sınıflandırma setindeki tüm maddeler anneyi güvenli üs olarak kullanmakla ilgili olsaydı, değerlendirme yapmak çok zor olurdu; çocuk oldukça güvenli bağlandığı halde bazı maddelere düşük puan vermek zorunda kalınırdı. "Dolgu" maddeleri başka amaçlara da hizmet edebilmektedir. Örneğin, bu maddeler sınıflandırma setinin bağlanma güvenliği üzerindeki vurgusunu daha az hissedilir hale getirir. Bu da, annelerin gözlemci olarak kullanıldığı durumlarda gözlemdeki sosyal istenirliği azaltabilir.

38. Çocuk, anneye karşı talepkâr ve sabırsızdır. Anne istediğini hemen yapmazsa çocuk ısrar eder ve mızmızlanır.

Düşük: Anne hemen tepki vermezse çocuk makul bir süre bekler.

Açıklama: Bowlby ve Ainsworth'ün bağlanma kuramına göre annenin duyarlılığı bağlanmanın gelişiminde kritik bir faktördür. Duyarlık, bebekten gelen ipuçlarını fark etme eşiğinin düşük olmasını, bebeğin sürmekte olan bir davranışıyla uyumu, fiziksel ve psikolojik ulaşılabilirliği ve bebeğin gereksinim ve taleplerinin kabulünü içerir. Bu madde, annenin geçmişteki müdahale davranışını çocuğun nasıl algıladığını ortaya koyabileceği düşünülerek sınıflandırma setine dahil edilmiştir. Güvenli üs davranışıyla ilişkili olduğu varsayılsa bile bu görgül olarak ortaya konması gereken bir durumdur. Gözlemciler bu ilişki kakkında peşin hüküm vermemelidirler.

39. Çocuk, annesinden uzakta veya oyuncaklarıyla yalnız oynarken genellikle ciddi ve önemli bir iş yapıyor gibidir.

Düşük: Çocuk, annesinden uzakta veya oyuncaklarıyla yalnız oynarken genellikle şımarıklık yapar veya güler.

Açıklama: Bu bir "dolgu" maddesidir. Muhtemelen dikkat, hareketlilik düzeyi ve duygu parametrelerini birlikte içeren bir davranışı yansıtmaktadır. *Bu davranış güvenli üs kavramıyla ilgili olarak ölçülen bir davranış değildir.* "Dolgu" maddeleri gereklidir. Sınıflandırma setindeki tüm maddeler anneyi güvenli üs olarak kullanmakla ilgili olsaydı, değerlendirme yapmak çok zor olurdu; çocuk oldukça güvenli bağlandığı halde bazı maddelere düşük puan vermek zorunda kalınırdı. "Dolgu" maddeleri başka amaçlara da hizmet edebilmektedir. Örneğin, bu maddeler sınıflandırma setinin bağlanma güvenliği üzerindeki vurgusunu daha az hissedilir hale getirir. Bu da, annelerin gözlemci olarak kullanıldığı durumlarda gözlemdeki sosyal istenirliği azaltabilir.

40. Çocuk, yeni nesneleri ve oyuncakları çok detaylı inceler. Onları parçalarına ayırmaya veya farklı şekillerde kullanmaya çalışır.

Düşük: Yeni oyuncaklara ve nesnelere ilk bakışı genellikle kısadır (ancak daha sonra yine onlara dönebilir).

Açıklama: Bu bir "dolgu" maddesidir. Muhtemelen dikkat, hareketlilik düzeyi ve bilişsel stili bir arada içeren bir davranışı yansıtır. *Bu davranış güvenli üs kavramıyla ilgili olarak ölçülen bir davranış değildir.* Bu, madde sınıflandırma setine annenin gözlemci olduğu sınıflandırmalarda yaşanabilecek sosyal istenirlik problemiyle başa çıkmak için konmuştur. "Dolgu" maddeleri gereklidir. Sınıflandırma setindeki tüm maddeler anneyi güvenli üs olarak kullanmakla ilgili olsaydı, değerlendirme yapmak çok zor olurdu; çocuk oldukça güvenli bağlandığı halde bazı maddelere düşük puan vermek zorunda kalınırdı. "Dolgu" maddeleri başka amaçlara da hizmet edebilmektedir. Örneğin, bu maddeler sınıflandırma setinin bağlanma güvenliği üzerindeki vurgusunu daha az hissedilir hale getirirler. Bu da, annelerin gözlemci olarak kullanıldığı durumlarda gözlemdeki sosyal istenirliği azaltabilir.

41. Anne kendisini takip etmesini istediğinde çocuk denileni yapar (Çocuk açıkça itaatsiz davranmadıkça oyunun bir parçası olan veya şakadan yapılan gecikmeleri ve itirazları saymayın).

Düşük: Çocuk annesinin isteğini umursamaz veya itiraz eder.

Açıklama: Bu bir "dolgu" maddesidir. Bu madde çocuğun herhangi bir özelliğinden ziyade, annenin çocuğun davranışını değiştirip değiştirmeyeceği konusundaki sezgisi hakkında fikir vermektedir. *Bu davranış güvenli üs kavramıyla ilgili olarak ölçülen bir davranış değildir.* Annelik davranışı, güvenli üs davranışı, güvenlik ve uyma arasındaki ilişkiler karmaşık ve ilginçtir. Hepsini tek bir ölçme aracı içinde ele almak olanak dışıdır. Gözlemciler davranış üzerinde çok fazla yorum yapmaksızın sadece davranışı gözlemeli ve gördüklerini tanımlamalıdırlar. Bu madde annelerin sınıflandırma yaptığı durumlarda sosyal istenirliğin sınanması açısından bir değer taşıyabilir, ancak bu durum henüz kesinleşmemiştir.

42. Annesi üzgün olduğunda çocuk bunu fark eder. Kendisi de sessizleşir veya üzülür. Annesini rahatlatmaya çalışır. Ne olduğunu sorar, vs.

Düşük: Annenin üzüldüğünü fark etmez, oynamaya devam eder, annesinin bir şeyi yokmuş gibi davranır.

Açıklama: Ainsworth ve diğerleri empatinin güvenli bağlanmayla ilişkili olduğunu belirtmişlerdir. Gözlemciler empati ve güvenli bağlanma arasındaki ilişkiyle ilgili peşin hükümde bulunmamalıdırlar. Sadece gördükleri şeyi tanımlamalı ve empati davranışlarının varlığı veya yokluğunun başka maddelerin puanlamasını etkilemesine izin vermemelidirler. Veri analizi empati ve güvenli bağlanmanın ilişkili olup olmadığını gösterecektir.

Not: Pratikte bu davranış oldukça nadir görülür. Carolyn Zahn-Waxler ve Mark Cummings'in yaptığı gibi, birkaç gözlem sırasında anneden 2-3 kez üzgünmüş gibi davranmasını istemek faydalı olabilir.

43. Çocuk, anneye yakın durur veya ona sık sık döner. Bu davranışlar annenin nerede olduğunu takip etmek için gerekenden daha sıktır.

Düşük: Annenin nerede olduğunu veya ne yaptığını sıkı sıkıya takip etmez.

Açıklama: Bu madde çocuğun annesinin ulaşılabilirliği ve karşılama davranışına (ihtiyacına cevap vermesine) olan güvenini yansıttığı için sınıflandırma setine dahil edilmiştir. Güvenli bir çocuk, annesinden uzaklaşma, onun nerede olduğunu ve neler yaptığını uzaktan izleme ve belirli aralıklarla ona yaklaşıp onunla temas kurma konusunda rahattır. Yabancı Ortamda B4 olarak sınıflandırılan bebekler büyük ölçüde bu maddede tarif edildiği gibi davranırlar. Bu bebekler annenin yakınında veya kucağında oldukları sürece rahattırlar ve güzelce oynarlar. Grup C'deki çocuklar gibi kızgın veya kararsız değildirler; sadece bağımlı görünürler. Gözlemciler bu davranışın diğer güvenli üs davranışlarıyla ilişkisi hakkında peşin hükümde bulunmamalıdırlar.

44. Çocuk, annesinin onu tutmasını, sarmasını ve kucaklamasını talep eder ve bunlardan hoşlanır.

Düşük: Bunlar için özellikle istekli değildir. Bunlara katlanır fakat kendiliğinden istemez ve yere bırakılmak için kıvranır.

Açıklama: Fiziksel teması başlatma ve bundan hoşlanma çocuğun stresli olduğunda temas yoluyla rahatlatılabileceğini gösterir. Madde 11'de anlatılan davranış gibi (Çocuk, annesi açıkça istekte bulunmadan veya çağırmadan da sıklıkla ona sarılır veya sokulur) bu da güvenli üs davranışının bir parçasıdır. Hiç temas gözlemezseniz bu maddeyi küme 5'e koyun. Hiç temas gözlemlemediğiniz için çocuğun temastan hoşlanmadığı sonucuna varmayın.

Not: Bu madde çocuğun sadece annesiyle temastan hoşlandığı için onun yanına sokulduğu/ona yakınlaştığı durumları yansıtmaktadır. Diğer taraftan, madde 11 süregelen faaliyetler sırasında rastlantısal olarak ortaya çıkan teması ifade etmektedir (örn. anne ona bir şey yapmayı gösterirken çocuğun kolunu annesine dayaması veya anne okurken çocuğun ona yaslanması). Kısa bir ev ziyareti sırasında bu maddeyi veya madde 11'i sınıflandıracak kadar davranış örneğiyle karşılaşabilirsiniz, ama ikisini birden puanlamaya yetecek kadar davranış göremeyebilirsiniz. İki şekilde de, teması başlatma veya bundan hoşlanma davranışlarının gözlenmesi çocuğun güvenlik puanını yükseltmektedir. Madde 53'ü ve temas ve rahatlamayla ilgili diğer maddeleri de inceleyin.

45. Çocuk dans etmekten ve müziğe eşlik etmekten hoşlanır.

Düşük: Müziği ne sever ne de sevmez.

Açıklama: Bu madde bir "dolgu" maddesidir. Ayrıca, annelerin sınıflandırma yaptığı durumlarda istenirliği azaltmaya yardımcı olmaktadır. *Bu davranış güvenli üs kavramıyla ilgili olarak ölçülen bir davranış değildir.* "Dolgu" maddeleri gereklidir. Sınıflandırma setindeki tüm maddeler anneyi güvenli üs olarak kullanmakla ilgili olsaydı, değerlendirme yapmak çok zor olurdu; çocuk oldukça güvenli bağlandığı halde bazı maddelere düşük puan vermek zorunda kalınırdı. "Dolgu" maddeleri başka amaçlara da hizmet edebilmektedir. Örneğin, bu maddeler sınıflandırma setinin bağlanma güvenliği üzerindeki vurgusunu daha az hissedilir hale getirir. Bu da, annelerin gözlemci olarak kullanıldığı durumlarda gözlemdeki sosyal istenirliği azaltabilir.

46. Çocuk çarpmadan, düşmeden ve sendelemeden etrafta yürür ve koşar.

Düşük: Yaralanmayla sonuçlanmasa bile gün boyu çarpar, düşer veya sendeler.

Açıklama: Bu madde bir "dolgu" maddesidir. "Dolgu" maddelerini doğru puanlamak önemlidir. Güvenli üs kavramıyla ilgisi yokken bağlanmayla bu madde arasında ilgi kurmaya çalışarak puanlamayı zorlaştırmayın. Bu maddeyi çocuğun yaşını göz önünde bulundurarak sınıflandırın. Bu madde nadiren küme 7'nin üstünde veya küme 3'ün altında sınıflandırılır. "Dolgu" maddeleri gereklidir. Sınıflandırma setindeki tüm maddeler anneyi güvenli üs olarak kullanmakla ilgili olsaydı, değerlendirme yapmak çok zor olurdu; çocuk oldukça güvenli bağlandığı halde bazı maddelere düşük puan vermek zorunda kalınırdı. "Dolgu" maddeleri başka amaçlara da hizmet edebilmektedir. Örneğin, bu maddeler sınıflandırma setinin bağlanma güvenliği üzerindeki vurgusunu daha az hissedilir hale getirir. Bu da, annelerin gözlemci olarak kullanıldığı durumlarda gözlemdeki sosyal istenirliği azaltabilir.

47. Anne gülümser ve bunun bir eğlence olduğunu hissettirirse, çocuk oyunda yüksek sesleri veya zıplatılıp hoplatılmayı kabul eder, bunlardan hoşlanır.

Düşük: Anne, sesin veya aktivitenin güvenli veya eğlenceli olduğunu belirtse bile çocuk huzursuzlanır.

Açıklama: Bowlby *A Secure Base* [Güvenli Sığınak] kitabında bağlanma figürünün kişinin kendisinden daha "güçlü ve bilge" olarak algıladığı bir kişi olması gerektiğini belirtmiştir. Ancak sadece bu yetmez, bağlanma figürü güvenilir biri de olmak zorundadır. Bu madde çocuğun annesinin desteğine ve rahatlatmasına duyduğu güveni ölçmeyi amaçlamaktadır. Gözlemciler bu davranışın, çocuğun geçmiş etkileşimlerinin bağlanma figürüyle karşılıklı etkisi ile çocuğun ne kadar kaygılı veya korkulu olduğunu etkileyen mizaç ve çevre faktörlerinin bir etkileşimini yansıttığını akıllarından çıkarmamalıdırlar.

48. Çocuk kendisinin olan ya da elinde tuttuğu bir nesneyi ilk defa karşılaştığı/tanımadığı bir yetişkinin tutmasına izin verir ve onunla paylaşır.

Düşük: Çocuk kendisinden istendiğinde bir şeyi tanımadığı yetişkinlerle paylaşmaz.

Açıklama: Paylaşım, hem çocuğun ilk defa karşılaştığı yetişkinlerle kendiliğinden paylaşma girişimlerini hem de paylaşmayı bu yetişkinlerin başlattığı durumda onların isteğine ne derece uyduğunu gösterir. Bu maddeyi sınıflandırmak için çocuktan bir oyuncağını istemek faydalı olabilir. Bu değerlendirme setinde bazı maddeler, çocuğun anneyle ilişkisinde olumlu tepki ve beklentileri değerlendirmektedir ve bu madde de onlardan biridir. Eğer anne çok müdahaleci davranmışsa çocuğun reddetme ve protesto tepkisine çok fazla ağırlık vermeyiniz. Aynı zamanda annenin, isteğini açıkça ifade etmesi gerekmediğini de unutmayın; anne çocuğun oynadığı şeye açıkça uzanıp yaklaşmadan da niyetini belirtebilir.

49. Yeni birileri eve ziyarete geldiğinde çocuk utangaç bir gülümsemeyle annesine koşar.

Orta: Misafirler eve geldiğinde çocuk annesine hiç koşmaz.

Düşük: Zamanla misafirlere ısınsa bile çocuk başlangıçta kaygıyla veya ağlayarak annesine koşar.

Açıklama: Buradaki önemli nokta, çocuğun yabancılara verdiği tepkinin genellikle olumsuz mu olduğu yoksa ihtiyat ve ilginin karışımından mı (Bob Marvin bu tepkiye "nazlanma" adını vermiştir) oluştuğudur. Ne yüksek ne de düşük bir sınıflandırma, güvenli üs ilişkisinde bir probleme işaret eder. Daha olumsuz bir tepkinin mizaç ya da bağlanma güvenliğiyle ilişkisi olup olmadığı görgül bir sorudur. Gözlemciler cevap hakkında peşin hükümde bulunmamalıdır. Bu madde, madde 34'ten ("Çocuk, annesi yanından ayrıldığı için üzüldüğünde, bulunduğu yere oturur ve ağlar. Annesinin arkasından gitmez") çok farklıdır. Yukarıdaki madde korkulu olmayı ölçerken, madde 34 çocuğun annesini güvenli bir üs olarak kullanma yeteneğini ölçmektedir.

50. Zamanla onlara ısınsa bile, misafirler geldiğinde çocuğun ilk tepkisi onları görmezden gelmek veya onlardan kaçınmak olur.

Düşük: Başlangıçtaki tepki yaklaşma ve etkileşime girmedir.

Açıklama: Bu madde annenin ulaşılabilirliğine ve duyarlığına çocuğun duyduğu güvenden çok, onun mizacı ve öğrenme geçmişiyle ilgilidir. Bu madde çocuğun verdiği ilk tepkiden bahsetmektedir. Anne ya da çocuğun kapıyı açtığı andan itibaren ilgili davranışlarını yakalamak için tetikte olun. Sıkça görülen bir tepki "naz"dır (örneğin, utangaç bir gülümsemeyle veya annenin eteğinin arkasına saklanarak ziyaretçiye bakmak). Olumlu ilgi ve ilk başta gösterilen ihtiyatın bu şekilde bir karışımını yakalarsanız, bu maddeyi kısmen düşük olarak değerlendirin.

Not: Bronson ve Pankey (1977) ilk başta gösterilen ihtiyat ile sürekli sakınma veya korkunun farklı değişkenler olduğunu göstermişlerdir.

51. Çocuk misafirlerle oynarken onların tepesine çıkmaktan hoşlanır.

Orta: Misafirlerle oynamaz.

Düşük: Misafirlerle oynarken onlarla yakın temas aramaz.

Açıklama: Bu bir "dolgu" maddesidir. Bu madde muhtemelen hareketlilik düzeyi ile ilgilidir. İlgi-bakım yaşantısından bağımsız olarak, fiziksel temasa olumlu tepki vermede de kişiye özgü farklar olabilir. Güvenli üs kavramıyla ilgili bir ima amaçlanmamıştır. Yine de, bu maddeyi doğru puanlamak önemlidir. Eğer çocuk fiziksel teması başlatma konusunda bir eğilim gösteriyor ve temas süresince annesini sosyal referans olarak çok az kullanıyor veya hiç kullanmıyorsa, maddenin güvenli üs kavramıyla bir miktar ilişkisi olabilir. Aynı sonuca işaret eden başka göstergeler de varsa bu sıradışı durum makul karşılanabilir.

"Dolgu" maddeleri gereklidir. Sınıflandırma setindeki tüm maddeler anneyi güvenli üs olarak kullanmakla ilgili olsaydı, değerlendirme yapmak çok zor olurdu; çocuk oldukça güvenli bağlandığı halde bazı maddelere düşük puan vermek zorunda kalınırdı. "Dolgu" maddeleri başka amaçlara da hizmet edebilmektedir. Örneğin, bu maddeler sınıflandırma setinin bağlanma güvenliği üzerindeki vurgusunu daha az hissedilir hale getirir. Bu da, annelerin gözlemci olarak kullanıldığı durumlarda gözlemdeki sosyal istenirliği azaltabilir.

52. Çocuk küçük nesnelerle uğraşmakta veya onları bir araya getirmekte güçlük çeker.

Düşük: Küçük nesneler, kalem vs. konusunda çok beceriklidir.

Açıklama: Bu madde motor gelişim ile ilgili bir "dolgu" maddesidir. Dolgu maddesi rolünün yanı sıra, olgunlaşmada gecikme durumunda ayırt edici geçerliği sınamada da rol oynayabilir. Anneler gözlemci olarak kullanıldığında, cevap vermede sosyal istenirlik derecesini incelerken faydalı olabilir. "Dolgu" maddeleri gereklidir. Sınıflandırma setindeki tüm maddeler anneyi güvenli üs olarak kullanmakla ilgili olsaydı, değerlendirme yapmak çok zor olurdu; çocuk oldukça güvenli bağlandığı halde bazı maddelere düşük puan vermek zorunda kalınırdı. "Dolgu" maddeleri başka amaçlara da hizmet edebilmektedir. Örneğin, bu maddeler sınıflandırma setinin bağlanma güvenliği üzerindeki vurgusunu daha az hissedilir hale getirir. Bu da, annelerin gözlemci olarak kullanıldığı durumlarda gözlemdeki sosyal istenirliği azaltabilir.

53. Annesi onu kaldırıp kucağına aldığında çocuk kollarıyla annesini sarar veya ellerini omuzuna koyar.

Düşük: Kucağa alınmayı kabul eder fakat özellikle yardımcı olmaz veya anneyi kavramaz.

Açıklama: Bu durum güvenli üs davranışının bir boyutu olarak ilgi çekicidir. Bu rahat duruş, çocuğun, annenin temas süresince müdahaleci veya kontrolcü olmasıyla, çocuk istememesine rağmen teması kesmesiyle veya çocuğun teması sürdürme davranışlarına tepki vermemesiyle ilgili bir kaygısının olmadığını gösterir. Ayrıca, çocuğun sıkıntılı olduğu zamanlarda annesiyle fiziksel temasa girerek rahatlatılabileceğine işaret eder (Bu maddenin sınıflandırma setinde yer alması bu yorumu görgül olarak test etmemize olanak sağlar). Bowlby'nin fiziksel teması tamamlayıcı bir davranım olarak yorumlamasına ilişkin açıklama için madde 88'e bakın.

54. Anne sadece yardım etmeye çalışırken çocuk, annesi onun işini bozacakmış gibi davranır.

Düşük: Anne gerçekten çocuğun işini bozmadıkça çocuk annesinin yardımını hemen kabul eder.

Açıklama: Bu annenin müdahaleci olduğu geçmiş yaşantıların varlığının ve oyun veya keşfetme sırasında annenin bir bilgi kaynağı olarak kullanılmasındaki zorluğun göstergesidir. Sızlanmak, sinirle bir şeye veya bir oyuncağa vurmak veya arkasını dönmek bununla ilgili davranışlardır. Bu, madde 79'da genel olarak belirtilen davranışın (Çocuk en ufak şeyde annesine kızar) özel bir halidir. Sınıflandırma setindeki maddeler birbirini tamamlar ve bu da sınıflandırmanın duyarlığını artırır. Eğer hem annenin yardım ettiği hem de başka durumlarda çocuğun sık sık kızdığını gözlemlerseniz hem 54. hem de 79. maddeyi yüksek olarak sınıflandırın. Bu, bağlanma güvenliği ölçüt sınıflandırmasına dayanan bağlanma güvenliği puanını oldukça düşürecektir. Eğer kızgınlığı sadece annenin yardım ettiği durumlarda gözlemliyorsanız, sadece madde 54'ü yüksek olarak sınıflandırın. Eğer sadece "düşük seviyede" kızgınlık işaretleri gözlemlerseniz, madde 79'u en azından ortanın biraz üzerinde sınıflandırabilirsiniz. Ölçüt sınıflandırmasında madde 54 kadar yüksek değerlendirilmediğinden madde 79 bağlanma güvenliği puanına tek başına fazla etki edemez.

55. Çocuk annesinin birçok davranışını veya işleri nasıl yaptığını onu izleyerek taklit eder.

Düşük: Annesinin davranışlarını bariz bir biçimde taklit etmez.

Açıklama: Bağlanma güvenliği ile önceleri yakınlığın veya "özdeşleşmenin" bir göstergesi olarak kullanılan taklit etme davranışı arasında bir ilişki olup olmadığını incelemek ilgi çekici olabilir. Ancak bu madde temel olarak bir "dolgu" maddesidir. Bu tür maddeler gereklidir. Setin sınıflandırılmasını kolaylaştırırlar. Sınıflandırma setindeki tüm maddeler anneyi güvenli üs olarak kullanmakla ilgili olsaydı, değerlendirme yapmak çok zor olurdu; çocuk oldukça güvenli bağlandığı halde bazı maddelere düşük puan vermek zorunda kalınırdı. "Dolgu" maddeleri başka amaçlara da hizmet edebilmektedir. Örneğin, bu maddeler sınıflandırma setinin bağlanma güvenliği üzerindeki vurgusunu daha az hissedilir hale getirir. Bu da, annelerin gözlemci olarak kullanıldığı durumlarda gözlemdeki sosyal istenirliği azaltabilir. Waters'a göre bu maddede anlatılan davranış çok sık gözlenmemektedir. Genelde küme 5'te sınıflandırılır. Setin ileriki revizyonlarında çıkarılması muhtemel bir maddedir.

56. Bir faaliyet zor gibi göründüğünde çocuk bu faaliyete ilgisini kaybeder veya çekingenlik gösterir.

Düşük: Zor işleri yapabileceğini düşünür.

Açıklama: Bu bir "dolgu" maddesidir. Yeterlik motivasyonu veya sürdürme, vazgeçmeme ile ilgili bir mizaç özelliğini yansıtabilir. *Bu davranış, güvenli üs kavramıyla ilgili olarak ölçülen bir davranış değildir.* "Dolgu" maddeleri gereklidir. Setin sınıflandırılmasını kolaylaştırırlar. "Dolgu" maddeleri başka amaçlara da hizmet edebilmektedir. Örneğin, bu maddeler sınıflandırma setinin bağlanma güvenliği üzerindeki vurgusunu daha az hissedilir hale getirirler. Bu da, annelerin gözlemci olarak kullanıldığı durumlarda gözlemdeki sosyal istenirliği azaltabilir. Bu madde, keşfetme ile ilgili diğer maddelerle birlikte yeterlik motivasyonu ölçüt sınıflandırmasında faydalı olabilir.

57. Çocuk korkusuzdur.

Düşük: Çocuk temkinli veya korkuludur.

Açıklama: Bu bir "dolgu" maddesidir. Olumlu veya olumsuz duygu ile ilgili bir mizaç özelliğini yansıtabilir. "Dolgu" maddeleri gereklidir. Sınıflandırma setindeki tüm maddeler anneyi güvenli üs olarak kullanmakla ilgili olsaydı, değerlendirme yapmak çok zor olurdu; çocuk oldukça güvenli bağlandığı halde bazı maddelere düşük puan vermek zorunda kalınırdı. "Dolgu" maddeleri başka amaçlara da hizmet edebilmektedir. Örneğin, bu maddeler sınıflandırma setinin bağlanma güvenliği üzerindeki vurgusunu daha az hissedilir hale getirir. Bu da, annelerin gözlemci olarak kullanıldığı durumlarda gözlemdeki sosyal istenirliği azaltabilir.

58. Çocuk eve gelen yetişkinleri büyük ölçüde göz ardı eder. Kendi oyunlarını/faaliyetlerini daha ilginç bulur.

Düşük: Başlangıçta biraz çekingen davransa bile misafirleri oldukça ilgi çekici bulur.

Açıklama: Bu, kişilik özelliği olarak sosyalliği ölçmeyi hedefleyen bir "dolgu" maddesidir. Güvenli üs kavramıyla ilgili bir ima amaçlanmamıştır. Eğer bu madde bağlanma güvenliği puanı ile anlamlı ilişki gösterseydi, uzmanlar bu maddeyi ileriki bağlanma güvenliği ölçüt sınıflandırmalarında daha yüksek olarak sınıflandırmayı isteyebilirlerdi. Bu, gözlemcinin maddeyi farklı olarak kullanması anlamına gelmez. Gözlemcilerin genel bir değerlendirme yapması ve sınıflandırmayı bu değerlendirmeye dayanarak gerçekleştirmesi hiçbir zaman uygun değildir. Gözlemcilerin görevi çocuğun davranışlarını tanımlamaktır. Gözlemcinin sınıflandırma sonucunda hangi olgular ile ilgili bir puanlama yapılacağını bilmesine bile gerek yoktur.

59. Çocuk bir faaliyeti veya bir oyuncakla oynamayı bitirdiğinde, faaliyetler arasında annesine dönmeksizin genellikle yapacak başka bir şey bulur.

Düşük: Çocuk bir faaliyeti veya bir oyuncakla oynamayı bitirdiğinde, oyun oynamak, duygusal destek veya yapacak yeni bir şey bulması için annesine geri döner.

Açıklama: Bağlanma figürü keşfetme ve öğrenmeyi bilgi, yardım, teşvik ve uyarım sağlayarak destekler. Ross Parke bunu "donatım" (vericilik) olarak adlandırmaktadır. Bu madde çocuğun anneyi keşif için güvenli üs olarak ne kadar etkin kullandığıyla ilgilidir. Güvenli üs ilişkisinde hem anne hem de çocuk aktif rol üstlenir. Anne, çocuğun hareketlerini takip eder; temas, yardım ve etkileşim sağlar; güven verip rahatlatır ve çocuğun yapacağı veya inceleyeceği ilginç şeyler gösterir. Çocuğun rolü ise annenin nerede olduğunu ve faaliyetlerini takip etmek ve donatım gerektiğinde aktif olarak anneye başvurmaktır.

Annenin çok aktif olduğu ve donatımda bütün inisiyatifi aldığı ilişkilerle çocuğun da aktif rol üstlendiği ilişkileri birbirinden ayırmak önemlidir. Çok yapılan bir hata birçok donatım etkileşimi gözlemlendiği için maddeyi düşük sınıflandırmaktır. Eğer çocuk anneyi bir kaynak olarak etkin şekilde kullanıyorsa maddeyi düşük sınıflandırın. Eğer anne çocuğa güvenli üs talep etme fırsatı vermeyecek kadar aktifse maddeyi puanlayamazsınız. Bu durumda maddeyi küme 5'te sınıflandırın. Maddeyi doğru puanlayabilmek için gözlemci davranışı aramayı bilmeli, davranışın ortaya çıkacağı durumlara karşı uyanık olmalı ve birden fazla örnek davranışı gözlemlemelidir.

60. Annesi ona "tamam" veya "bir şey olmaz" gibi sözlerle güven verdiğinde çocuk, başlangıçta kendisini korkutan veya tedirgin eden şeylere yaklaşır veya onlarla oynar.

Orta: Hiç tedirgin olmaz ve korkmaz.

Düşük: Çocuk annesinin yatıştırmalarına/telkinlerine inanmaz.

Açıklama: Bowlby *A Secure Base* kitabında bağlanma figürünün kişinin kendisinden daha "güçlü ve bilge" olarak algıladığı bir kişi olması gerektiğini belirtmiştir. Ancak sadece bunlar yetmez, bağlanma figürü güvenilir biri de olmak durumundadır. Bu madde çocuğun annesinin desteğine ve rahatlatmasına duyduğu güveni ölçmeyi amaçlamaktadır. Gözlemciler bu davranışın, çocuğun geçmiş etkileşimlerinin bağlanma figürüyle karşılıklı etkisi ile çocuğun ne kadar kaygılı veya korkulu olduğunu etkileyen mizaç ve çevre faktörlerinin bir etkileşimini yansıttığını akıllarından çıkarmamalıdırlar.

61. Anneyle sertçe oynar. Fiziksel oyunlar sırasında canını yakma amacı gütmese bile anneye vurur, onu tırmalar veya ısırır.

Orta: Oynadıkları oyunlar hiçbir zaman fiziksel değildir.

Düşük: Fiziksel oyunları anneyi incitmeden oynar.

Açıklama: Bu madde, anneler gözlemci olarak kullanıldığında ortaya çıkabilecek sosyal istenirlik eğilimi ile başa çıkabilmek için sete konmuştur. Yine de, bazı bağlanma araştırmacıları bu davranışı altta yatan ilişki problemlerinin bir işareti olarak yorumlamaktadır. Diğer araştırmacılar bu davranışı mizaçla ilgili görmektedir. Bu davranışın güvenli üs açısından uygunluğu hakkında peşin hüküm vermeyin. Ayrıca bu madde, diğer maddelerin nasıl sınıflandırılacağı konusunu etkilememelidir. Gözlemciler bu davranışı ziyaretleri sırasında nadiren görür. Bu davranış, anneye sorularak çok iyi ölçülebilecek bir davranış da değildir ve sınıflandırmada nadiren ortadan uzakta bir yerde yer alır.

62. Çocuk mutlu bir ruh halinde ise bütün gün mutlu kalır.

Düşük: Mutluluk hali çok değişkendir.

Açıklama: Bu madde olumsuz duygu için yüksek eşik veya olumlu duyguya eğilim olarak yorumlanabilecek bir mizaç özelliğine ilişkindir. *Bu davranış güvenli üs kavramıyla ilgili olarak ölçülen bir davranış değildir.* Bu maddenin sete dahil edilmesinin temel nedeni bağlanma güvenliği ile olumlu duygu arasındaki ilişkiyi incelemektir. Araştırmalar tutarlı olarak bağlanma güvenliğinin olumlu duygu ile ilişkili olduğunu göstermiştir. Bunun bir açıklaması anne duyarlığının uyumlu etkileşimle ilişkili olmasıdır. Diğer bir olasılık ise olumlu duygunun, bağlanma güvenliği olarak yorumlanmasıdır.

63. Kendi başına bir şeyi denemeden önce, çocuk kendisine yardımcı olacak birini arar.

Düşük: Kendinden emindir. Yardım aramadan önce kendisi dener.

Açıklama: Bu bir "dolgu" maddesidir. Madde, bağımsızlık veya yeterlikle ilişkili davranışlara işaret eder. *Bu davranış güvenli üs kavramıyla ilgili olarak ölçülen bir davranış değildir.* "Dolgu" maddeleri gereklidir. Sınıflandırma setindeki tüm maddeler anneyi güvenli üs olarak kullanmakla ilgili olsaydı, değerlendirme yapmak çok zor olurdu; çocuk oldukça güvenli bağlandığı halde bazı maddelere düşük puan vermek zorunda kalınırdı. "Dolgu" maddeleri başka amaçlara da hizmet edebilmektedir. Örneğin, bu maddeler sınıflandırma setinin bağlanma güvenliği üzerindeki vurgusunu daha az hissedilir hale getirir. Bu da, annelerin gözlemci olduğu durumlarda gözlemdeki sosyal istenirliği azaltabilir.

64. Çocuk annesiyle oyun oynarken onun üstüne tırmanmaktan, onunla sarmaş dolaş olmaktan hoşlanır.

Düşük: Oynarken annesiyle çok yakın temasta bulunmak istemez.

Açıklama: Bu madde, çocuğun yakın fiziksel temastan hoşlandığını gösteren işaretlere odaklanmaktadır. Yakın fiziksel temastan hoşlanan bir çocuğun sıkıntılı olduğunda bu tür temas yoluyla rahatlatılıp sakinleştirilebileceği varsayılmaktadır. Çok aktif bir çocuğun anne kucağında sarılarak rahatladığı veya dinlendiği pek gözlenmez. Fakat yetişkinle alt alta üst üste boğuşan bir çocuğun yakın fiziksel temastan hoşlandığı sonucu çıkarılabilir. Temas içeren bütün oyunlar çocuğun yakın fiziksel temastan hoşlandığını göstermez. Örneğin, kovalamaca sonunda anneye sarılma veya dayanma, anne otururken şaka veya oyun yollu annenin üstüne tırmanma, anneye doğru koşma ve bacaklarına yapışma/eteğine yüzünü gömme gibi davranışlara dikkat edin. Ayrıca çocuğun yakın fiziksel temastan hoşlandığının kanıtı olarak uzun süreli temas içeren oyunları sayın. Eğer bu tür oyunlar hiç yoksa maddeyi küme 5'te sınıflandırın. Eğer aktif (fiziksel) oyun fazlaca varsa, fakat temas sadece tesadüfi ise maddeyi daha düşük sınıflandırın.

65. Annesi onu bir faaliyetten başka bir faaliyete yönlendirdiğinde çocuğun hemen keyfi kaçar, huzursuzlanır (yeni faaliyet/ oyun çocuğun çoğunlukla hoşlandığı bir şey olsa bile).

Düşük: Anne yeni bir faaliyete yönlendirdiğinde çocuk kolayca yeni şeye geçer.

Açıklama: Bu bir "dolgu" maddesidir. Bu maddenin bahsettiği davranış muhtemelen mizaç özellikleri ile annenin geçmişteki müdahaleci davranışlarının bir etkileşimini yansıtmaktadır. *Bu davranış güvenli üs kavramıyla ilgili olarak ölçülen bir davranış değildir.* "Dolgu" maddeleri gereklidir. Sınıflandırma setindeki tüm maddeler anneyi güvenli üs olarak kullanmakla ilgili olsaydı, değerlendirme yapmak çok zor olurdu; çocuk oldukça güvenli bağlandığı halde bazı maddelere düşük puan vermek zorunda kalınırdı. "Dolgu" maddeleri başka amaçlara da hizmet edebilmektedir. Örneğin, bu maddeler sınıflandırma setinin bağlanma güvenliği üzerindeki vurgusunu daha az hissedilir hale getirir. Bu da, annelerin gözlemci olduğu durumlarda sosyal istenirliği azaltabilir.

66. Çocuk kendisine arkadaşça davranan yetişkin misafirlere kolayca ısınır.

Düşük: Yeni kişilere kolayca ısınmaz.

Açıklama: Bazı bağlanma araştırmacıları bağlanma güvenliğinin empatiden duygusal açıklığa kadar bir dizi olumlu duygusal tepkiyle ilişkili olduğunu öngörmüşlerdir. Sınıflandırma setine bu hipotezi sınamak için bazı maddeler konmuştur. Gözlemciler bu davranışın güvenli üs davranışı ve bağlanma güvenliği ile ilişkisi hakkında peşin hüküm vermekten kaçınmalıdırlar. Bağlanma kuramını "Tüm iyi şeyler bir arada olur" hipotezine indirgememek çok önemlidir. Bağlanma ile duygu ve olumlu duygulanımın farklı boyutları arasındaki ilişki görgül bir konu olarak düşünülmelidir.

67. Çocuk, eve gelen misafirlerden çok fazla ilgi bekler.

Düşük: Misafirlerden özellikle bir ilgi beklemez.

Açıklama: Bu madde sınıflandırma setine güvenli üs davranışını değil sosyalliği ölçmek için eklenmiştir. Eğer çocuk kendi faaliyetleriyle meşgulse veya gözlemciye karşı kayıtsızsa maddeyi düşük sınıflandırın. Eğer çocuk anne ile meşgulse veya ziyaret boyunca gözlemcinin farkındaysa maddeyi küme 5'te sınıflandırın. Eğer çocuk etkileşime girmek isterse gözlemci buna cevap vermeli ancak çocuğun zamanını tekeli altına almamalıdır. Böyle bir gözlemci, 3 yaşından büyük birçok çocuğunu dikkatini dağıtabilir. Bunun bağlanma güvenliği ile bir ilgisi yoktur ve güvenli üs davranışını gözlemleme şansını azaltır.

Not: Sınıflandırma setinin maddelerine yeterince aşina olunmadığı ve alanda uygulama yapılmadığı sürece, puanlanabilir davranışı gözden kaçırmak kolaydır. Sadece oyun oynamak için oyuna katılmak tecrübesiz bir gözlemcinin çok şey kaçırdığının ve bu yüzden ziyaretleri sıkıcı bulduğunun bir göstergesidir.

68. Genelde çocuk anneden daha hareketli bir yapıdadır.

Düşük: Çocuk anneden daha az hareketli bir yapıdadır.

Açıklama: Bu bir "dolgu" maddesidir. *Bu davranış güvenli üs kavramıyla ilgili olarak ölçülen bir davranış değildir.* "Dolgu" maddeleri gereklidir. Sınıflandırma setindeki tüm maddeler anneyi güvenli üs olarak kullanmakla ilgili olsaydı, değerlendirme yapmak çok zor olurdu; çocuk oldukça güvenli bağlandığı halde bazı maddelere düşük puan vermek zorunda kalınırdı. "Dolgu" maddeleri başka amaçlara da hizmet edebilmektedir. Örneğin, bu maddeler sınıflandırma setinin bağlanma güvenliği üzerindeki vurgusunu daha az hissedilir hale getirir. Bu da, annelerin gözlemci olduğu durumlarda gözlemdeki sosyal istenirliği azaltabilir.

69. Çocuk annesinden nadiren yardım ister.

Orta: Çocuk yardım istemek için çok küçüktür.

Düşük: Sıklıkla annesinden yardım ister.

Açıklama: Bu madde sete bağımsız olmayı değil güvenli üs davranışındaki bir sorunu ölçmek için eklenmiştir. Anneyi bir bilgi kaynağı olarak kullanmak güvenli üs davranışının bir boyutudur. Anneden yardım istemek annenin ulaşılabilir olduğuna ve karşılık verebileceğine duyulan güveni gösterir. Annenin kendisini umursamayacağı veya müdahaleci davranacağı beklentisi içindeki bir çocuk nadiren annesine yaklaşıp ondan yardım ister. Eğer çocuk annesinden rahatlıkla yardım istiyor gibi gözüküyorsa maddeyi düşük sınıflandırın. Çocuk annesine bağımlı olduğu için maddeyi düşük sınıflandırmayın.

70. Annesi odaya girdiğinde çocuk onu hemen kocaman bir gülümsemeyle karşılar (Ona bir oyuncak gösterir, dikkatini çekmek için hareketler yapar veya "anne geldi", "merhaba anne", "anne", vb. der).

Düşük: Annesi başlatmadıkça çocuk annesini selamlamaz, annesini karşılama davranışı göstermez.

Açıklama: Bazı bağlanma araştırmacıları bağlanma güvenliğinin empatiden duygusal açıklığa kadar bir dizi olumlu duygusal tepkiyle ilişkili olduğunu öngörmüşlerdir. Sınıflandırma setine bu hipotezi sınamak için bazı maddeler konmuştur. Gözlemciler bu davranışın güvenli üs davranışı ve bağlanma güvenliği ile ilişkisi hakkında peşin hüküm vermekten kaçınmalıdırlar. Bağlanma kuramını "Tüm iyi şeyler bir arada olur" hipotezine indirgememek çok önemlidir. Bağlanma ile duygu ve olumlu duygulanımın farklı boyutları arasındaki ilişki görgül bir konu olarak ele alınmalıdır.

71. Korktuğunda veya huzursuzlandığında annesi onu kucağına alırsa çocuk ağlamayı keser veya çabucak yatışır.

Düşük: Kolaylıkla yatıştırılamaz.

Açıklama: Güvenli üs olgusu hem sıradan hem de acil durumlarda işlevseldir. Acil bir durumda fiziksel yakınlık arama ve teması koruma davranışları keşif davranışlarından önce gelir. Bowlby, bire bir fiziksel teması, stresi azaltabilecek çok güçlü bir uyaran olarak tanımlamıştır. Yabancı Ortam uygulamalarında karşılaşılan fiziksel yakınlık arama ancak bu yakınlıkla rahatlatılamama paradoksu, güvensiz/dirençli bağlanmanın işaretidir. Bu madde, acil durumlardaki güvenli üs davranışının bir unsuru olan fiziksel temasın etkililiğini anlamayı amaçlamaktadır.

Şayet çocuğun canını acıtacak, onu ağlatacak bir şey olmazsa bu davranış ev ölçümlerinde genellikle görülmez. Annesi istediği bir şeyi vermediği zaman çocuk sıklıkla ağlar; ancak bu tür durumlar, çocuğun fiziksel temasa tepkisini gözlemlemek için çok iyi örnekler değildir; zira anne bu tür durumlarda hem provokatör hem de rahatlatıcı rolündedir.

Çocuğun mizacının da rahatlama kolaylığını etkileyebileceği unutulmamalıdır. Eğer güvenli bir çocuk mizaç özelliği olarak zor rahatlıyorsa, annesi tepkisiz ve müdahaleci olmadığı müddetçe, fiziksel teması korur ve öfkeli veya temasa direnen davranışlar sergilemez.

72. Eğer misafirler çocuğun yaptığı bir şeye güler veya onaylarlarsa, çocuk aynı şeyi tekrar tekrar yapar.

Düşük: Misafirlerin tepkisi çocuğu bu şekilde etkilemez.

Açıklama: Bu madde çocuğun gözlemciye tepkilerini vurgulamaktadır. Bu konuda çocuklardaki davranış farklılıkları tutarlı bir mizaç özelliği olarak görülmektedir. Çocuklar arasındaki farklar oldukça dikkat çekicidir. Bu davranışlar ilişkiye çok hevesli olmaktan ilgisiz olmaya veya aktif olarak ilişkiden kaçınmaya kadar değişik düzeylerde gözlemlenebilir. *Bu davranış güvenli üs kavramıyla ilgili olarak ölçülen bir davranış değildir.*

73. Çocuğun beraberinde taşıdığı, yatağa götürdüğü veya keyfi kaçtığında sarılabildiği yumuşak bir oyuncağı (oyuncak ayı, bebek, vb.) veya bir battaniyesi var.

(Eğer çocuk iki yaşının altındaysa biberon veya emziği dahil etmeyin, bunları sürekli kullanıp kullanmadığını anneye sorun.)

Düşük: Oyuncaklarını veya battaniyesini bu gibi amaçlarla kullanmaz veya bu tür bir oyuncağı yoktur.

Açıklama: Uzun süredir yumuşak oyuncakların ve yumuşak battaniyelerin bağlanma figürlerinin yerine geçebileceği veya psikolojik boyutta bu figürelere denk olabileceği ileri sürülmektedir. Bu ilginç bir denencedir ve bu madde sözkonusu olgunun gözlemlenmesini amaçlamaktadır. Gözlemci bu konuda yeterli gözlem yapmadan peşin hükümde bulunmamalıdır. Çocuğa, yatağına aldığı veya yanında sürekli taşımayı sevdiği bir oyuncak bebeği, hayvanı veya battaniyesi olup olmadığı sorulursa genellikle faydalı bilgiler elde edilmektedir. Ayrıca bu davranışla ilgili anneye de soru sormak faydalı olacaktır.

74. Annesi çocuğun istediğini hemen yapmadığında, çocuk annesi bu isteğini hiç yerine getirmeyecekmiş gibi davranır.

(Yakınır, sızlanır, kızar, başka faaliyetlere geçer.)

Düşük: Annesi kısa bir süre sonra istediğini yapacakmış gibi makul bir süre bekler.

Açıklama: Bowlby ve Ainsworth'ün bağlanma teorisinin en önemli önergesi, anne duyarlılığının bağlanmanın gelişiminde kritik bir faktör olmasıdır. Duyarlık, bebeğin verdiği işaretleri fark etme eşiğinin düşük olması, bebeğin o anki süregelen davranışına destek olma (veya müdahale etme, karışma), fiziksel ve psikolojik ulaşılabilirlik ve bebeğin ihtiyaç ve isteklerini kabul etme boyutlarını içerir. Bu madde, annenin geçmişteki müdahale davranışlarını yansıtacağı düşüncesine dayanılarak sınıflandırma setine eklenmiştir. Güvenli üs davranışlarıyla ilişkili olduğu düşünülmesine rağmen bu, araştırılması gereken bir konudur. Gözlemci bu ilişkiyle ilgili olarak peşin hüküm vermemelidir.

75. Evde, annesi odanın dışına çıktığında çocuk huzursuzlanır veya ağlar.

(Anneyi takip edebilir veya etmeyebilir.)

Düşük: Annenin gittiğini fark eder, anneyi takip edebilir, ama huzursuzlanmaz.

Açıklama: Güvenli bağlanmanın önde gelen göstergesi, annenin ulaşılabilirliğine ve ihtiyaca yanıt vereceğine dair duyulan güvendir. Şayet annenin davranışı bir şekilde sıradışı değilse, tanıdık ortamlarda birçok bebek ve çocuk, annesinin odayı terk etmesine itiraz etmez. Gözlemcilerin, çocuğun yüz ifadelerini çok dikkatli takip etmeleri gerekir, zira bu işaretler bazen belli belirsiz veya çok kısa süreli olabilir. Çocuğun gözlemcinin varlığına alıştığı açıkça belli olmadan, ortaya çıkan ayrılma tepkilerini yüksek değerlendirmeyin. Sadece tek bir örnek gözlemlediyseniz yüksek puanlamayın. Davranışın belirgin ve şiddetli olması onun tipik bir davranış olduğunu göstermez. Böyle bir durumda anneye "Çocuğunuz zaman zaman böyle davranır mı?" diye sorun.

76. Seçme şansı olduğunda çocuk, büyükler yerine oyuncaklarla oynar.

Düşük: Oyuncaklar yerine büyüklerle oynar.

Açıklama: Bu madde bir "dolgu" maddesidir. Yetişkin kişilik araştırmalarında çalışılan "İnsan veya Nesne Yönelimli" olma özelliğine işaret etmektedir. Madde, bağlanma ile ilgili olmamakla birlikte doğru puanlanması önemlidir. Çocuğun oyuncaklarla insanlarla birlikte oynadığı durumlarda bunlardan hangisinin araç, hangisinin amaç olduğu dikkate alınmalıdır. Örneğin, çocuk oyuncaklarını insanlarla etkileşime girmek için kullanıyorsa (sürekli oyuncaklarını getirip başkalarına vermesi vb. davranışlar) bu maddeyi ortanın biraz üstünde değerlendirebilirsiniz.

"Dolgu" maddeleri gereklidir. Sınıflandırma setindeki tüm maddeler anneyi güvenli üs olarak kullanmakla ilgili olsaydı, değerlendirme yapmak çok zor olurdu; çocuk oldukça güvenli bağlandığı halde bazı maddelere düşük puan vermek zorunda kalınırdı. "Dolgu" maddeleri başka amaçlara da hizmet edebilmektedir. Örneğin, bu maddeler sınıflandırma setinin bağlanma güvenliği üzerindeki vurgusunu daha az hissedilir hale getirir. Bu da, annelerin gözlemci olduğu durumlarda gözlemdeki sosyal istenirliği azaltabilir.

77. Anne çocuktan bir şey yapmasını istediğinde, çocuk annenin ne istediğini kolaylıkla anlar (bu isteğe uyabilir veya uymayabilir).

Orta: Anlayamayacak kadar küçüktür.

Düşük: Bazen kafası karışır veya annenin ne istediğini geç anlar.

Açıklama: Bu madde bir "dolgu" maddesidir. Çocuğun bilişsel yeteneği ile ilgilidir, güvenli üs davranışının herhangi bir yönüyle değil. Madde, bağlanma ile ilgili olmamakla birlikte doğru puanlanması önemlidir. "Dolgu" maddeleri gereklidir. Sınıflandırma setindeki tüm maddeler anneyi güvenli üs olarak kullanmakla ilgili olsaydı, değerlendirme yapmak çok zor olurdu; çocuk oldukça güvenli bağlandığı halde bazı maddelere düşük puan vermek zorunda kalınırdı. "Dolgu" maddeleri başka amaçlara da hizmet edebilmektedir. Örneğin, bu maddeler sınıflandırma setinin bağlanma güvenliği üzerindeki vurgusunu daha az hissedilir hale getirir. Bu da, annelerin gözlemci olduğu durumlarda gözlemdeki sosyal istenirliği azaltabilir.

78. Çocuk, ebeveynleri ve/veya büyükanne/büyükbabası dışındaki kişiler (örn. yabancılar) tarafından kucağa alınmaktan veya kucaklanmaktan hoşlanır.

Düşük: Böyle bir temasa özel bir ilgisi yoktur.

Açıklama: Bebekler ve çocuklar sıklıkla eve gelen misafirlerle ilişki kurarlar; ancak bu ilişki misafir tarafından başlatılırsa bebeğin ve çocuğun bunu kabul etme veya bundan keyif alma ihtimali düşüktür. Özellikle 1 yaşından sonra, tanıdık olmayan yetişkinlerle ayırım yapmaksızın fiziksel temastan hoşlanma durumu oldukça nadir görülür. Böyle bir durum, güvenli üs yöneliminin azaldığına işarettir. Özellikle, ziyaretinizin ilk yarısında henüz çocukla çok fazla etkileşim olmadan önce yetişkin tarafından başlatılan temasa dikkat edin. Ziyaretçinin çocuğun elini tutması, çocuktan kucağına oturmasını istemesi veya uygun bir durumda çocuğu kucağına alması bu tür bir gözlem için uygun bir durum olacaktır.

Çocuk kucağa alınmayı veya başkasının sarılmasını keyifsiz olduğu için reddediyorsa bu maddeyi düşük değerlendirmeyin. Böyle bir durumda çocuğun anneyi tercih etmesi beklenen bir durumdur. Not: Çocuk erkek ziyaretçilere karşı özellikle daha temkinli davranabilir. Şayet anne çocuğun kadınlara karşı da aynı davranışları gösterdiğini söylemezse, bu maddeyi küme 8 veya 9'a yerleştirmeyin.

79. Çocuk en ufak şeyde annesine kızar, parlar.

Düşük: Çocuk çok yorgun veya anne çok müdahaleci olmadıkça annesine kızmaz.

Açıklama: Bu madde etkileşimin sorunsuz şekilde doğal akışında sürmesi ve annenin duyarlığı, ulaşılabilir ve karşılık vermeye hazır oluşuna duyulan güven ile ilgilidir. Her çocuk, annesinin aşırı duyarsız ve müdahaleci olmasına kızabilir. Eğer kendinizi "Anne bunu kendi istedi" derken buluyorsanız bu maddeyi yüksek değerlendirmeyin. Çocuğun, ortada pek az kışkırtıcı şey varken kızdığı durumları görmeye çalışın. Bu maddeyi doğru puanlayabilmek için, kızgınlığı ortaya çıkaran şartları fark edebilmeniz gerekir. Sadece izlemeniz yetmez, öngörülü olmanız gerekmektedir.

Belirgin bir kızgınlık veya rahatsızlık örneği hiçbir kızgınlık durumunun gözlenmemesine kıyasla puanlamaya daha uygun bir dayanak sağlar. Çocuk çok belirgin bir şekilde sabırsız veya anneyle etkileşiminden tutarlı bir şekilde mutsuz değilse maddeyi 3'ten aşağı değerlendirmeyin. Belirgin bir kanıt yoksa maddeyi küme 5'e yerleştirin. Bazı çok sevimli (*pleasant*) çocuklar sizi şaşırtabilir.

80. Bir şey tehditkâr veya tehlikeli göründüğünde çocuk annesinin yüz ifadesini iyi bir bilgi kaynağı olarak kullanır.

Düşük: Annesinin ifadesini kontrol etmeden kararını verir.

Açıklama: Bu davranış Campos ve Sternberg (1981) tarafından "sosyal referans alma" olarak tanımlanmıştır. Bu davranış, sınıflandırma setinde güvenli üs olgusunun bir öğesi olarak değerlendirilmektedir. Hem bir nesne veya yapılacak bir davranış, hem de annenin olası tepkileri ile ilgili olarak (örn. onaylayacak mı onaylamayacak mı?) anneye bakarak ondan bilgi almayı içerir. Eğer anne sürekli çocuğun yakınlarındaysa ve biraz müdahaleci bir tarzı varsa, çocuğun anneye bakması kolaylıkla edimsel kontrol şeklini alabilir. Annenin belirgin bir şekilde yönlendirmediği ve ipucu vermediği örnekleri görmeye çalışın. Bu durumu değerlendirebilmek için öngörülü olmayı öğrenmeniz gerekmektedir. Sosyal referans alma davranışının gelişmesinden, yani çocuk anneye bakmadan, önce ortaya çıkan ipuçlarına ve yönlendirme davranışlarına dikkat etme konusunda uyanık olmazsanız, daha sonra bu davranışları hatırlayamazsınız.

81. Çocuk annesine istediği şeyi yaptırabilmek için ağlar.

Düşük: Genelde, gerçekten rahatsız (yorgun, üzgün, korkmuş, vs.) olduğu için ağlar.

Açıklama: Bağlanma teorisyenleri bu davranışın ilgi-bakımın duyarsız, iletişim becerilerinin sınırlı, oyun ve keşifin yarıda kesilmiş olması ile ilişkili olduğunu belirtmişlerdir. Ağlamanın çocuğun ilk ve en hızlı iletişim yolu olup olmadığına ve istediği şeyi almak için çocuğun ağlamayı ne kadar sıklıkla kullandığına dikkat edilmeli. Annenin zamanında tepki vermesini sağlayan tek davranışın ağlama olması fark etmez.

Bu davranış yazında tartışma konusudur. Edimsel koşullama teorisyenleri annenin ağlamaya yerinde ve zamanında tepki vermesini çocuğun ağlama sıklığının artmasının nedeni olarak görmektedirler. Şüphesiz, ağlama özellikle de 1 yaşından sonra bir miktar edimsel kontrol içerebilir.

Bağlanma teorisyenleri ağlamaya verilen değişken tepkilerin güvenli üs açısından sonuçlarına odaklanmaktadırlar. Bu tepkilerin akıcı iletişim becerilerinin gelişmesini ve annenin ulaşılabilir olduğuna ve ihtiyaca yanıt vereceğine dair güvenin gelişmesini engellediğini vurgulamaktadırlar. Ayrıca, sık sık ağlama, çocuğun süregelen oyun ve keşif davranışlarını da bozmaktadır. Duyarsız bir çocuk bakımı, sınırlı iletişim becerileri ve yarıda kesilmiş oyun bir araya geldiğinde güvenli üs ilişkisi zorlaşmaktadır.

82. Çocuk oyun vaktinin çoğunu sadece sevdiği birkaç oyuncak veya faaliyetle geçirir.

Düşük: Farklı farklı oyuncakları inceler ve bunlarla kısa sürelerle oynar.

Açıklama: Bu madde bir "dolgu" maddesidir. Güvenli üs kavramıyla bağlantılandırılması amaçlanmamaktadır. Buna rağmen, maddeyi doğru puanlamak önemlidir. Bu madde nadir olarak 7'den yüksek ve 3'ten düşük olarak puanlanır. Eğer bu maddeyi çok yüksek (veya çok düşük) puanlıyorsanız, çocuğun davranışlarının sadece bir iki oyuncakla (veya birçok oyuncakla) oynama ihtiyacına veya amacına yönelik olarak organize olduğunu belirtiyorsunuzdur. Diğer bir deyişle çocuk kendi tercihini sürdürebilmek için diğer davranışlarını amacı doğrultusunda düzenleyebilmektedir. Her durumda tek bir faaliyete devam etmektedir (veya bir oyuncaktan diğerine, sonra bir diğerine geçmektedir). Her iki durum da sıradışıdır.

"Dolgu" maddeleri gereklidir. Sınıflandırma setindeki tüm maddeler anneyi güvenli üs olarak kullanmakla ilgili olsaydı, değerlendirme yapmak çok zor olurdu; çocuk oldukça güvenli bağlandığı halde bazı maddelere düşük puan vermek zorunda kalınırdı. "Dolgu" maddeleri başka amaçlara da hizmet edebilmektedir. Örneğin, bu maddeler sınıflandırma setinin bağlanma güvenliği üzerindeki vurgusunu daha az hissedilir hale getirir. Bu da, annelerin gözlemci olduğu durumlarda gözlemdeki sosyal istenirliği azaltabilir.

83. Çocuk sıkıldığında yapacak bir şeyler bulmak için annesinin yanına gider.

Düşük: Yapacak bir şey ortaya çıkana kadar etrafta dolanır veya bir süre hiçbir şey yapmaz.

Açıklama: Bu, güvenli üs davranışının bir parçasıdır. Bağlanma figürü keşif ve öğrenmeyi çocuk için bilgi kaynağı, yardım ve uyaran sağlayarak destekler. Ross Parke bunu "donatı" olarak adlandırmıştır. Bu madde çocuğun annesini ne kadar etkin bir şekilde etrafında keşif yapabileceği bir üs gibi kullandığı ile ilgilidir. Hem anne hem de çocuk güvenli üs ilişkisinin kurulmasında aktif rol oynarlar. Anne, çocuğun aktivitelerini takip eder, ona fiziksel temas sağlar, güven verir, yardım eder, onunla etkileşime geçer ve ona yapacağı veya inceleyeceği ilginç şeyler gösterir. Çocuk ise, annesinin nerede olduğunu ve ne yaptığını takip eder ve ihtiyacı olduğunda gerekeni sağlaması için aktif olarak annesine geri döner.

Annenin daha çok aktif olduğu ve gerekeni sağlamak için tüm girişimleri kendisinin yaptığı ilişki tarzını çocuğun da aktif bir rol üstlendiği ilişki tarzından ayrıştırabilmek önemlidir. İlişki içerisinde çok fazla donatı içeren etkileşim olduğu için bu maddenin yüksek değerlendirilmesi oldukça sık yapılan bir hatadır.

Bu maddeyi, sadece çocuk aktif olarak annesini bir kaynak olarak kullanıyorsa yüksek olarak değerlendirin. Eğer çocuk oyununu bitirdikten veya bir faaliyetten sıkıldıktan sonra tipik olarak amaçsızca ortada dolaşıyorsa maddeyi düşük değerlendirin (Televizyon izlemeyi "amaçsız" bir davranış saymayın. Sadece bir kere amaçsızca ortalıkta dolanma varsa çok düşük değerlendirmeyin. Bunun tipik bir davranış olduğundan emin olun. Eğer anne çok aktifse ve bu yüzden çocuğun güvenli üs davranışını başlatacak çok az fırsatı olmuşsa, madde puanlanamaz. Böyle bir durumda maddeyi küme 5'e yerleştirin).

84. Çocuk evde temiz ve düzenli olmak için az da olsa çaba harcar.

Düşük: Sürekli üstüne başına veya yerlere bir şeyler döker, sürer.

Açıklama: Bu madde bir "dolgu" maddesidir. Sosyal olarak istenir bir davranış olduğu için sınıflandırma setine eklenmiştir. Bu madde, çocuk ancak çok dağınık veya düzensizse (sakarlıktan veya dikkatsizlikten) 3'ün altında değerlendirilir. Şayet, ziyaret boyunca eşyaları temiz ve düzenli tutma davranışı sıklıkla görülürse 7'nin üzerinde değerlendirilir. Her iki uçtaki değerlendirmeler nadiren görülür. Bu maddeye uygun davranışlar olduğunda kolaylıkla fark edilir.

Bebekler ve çok küçük çocuklar için bu maddeyi küme 5'e yerleştirin. Bu madde, ılımlı bir üslupla kaleme alınan fakat düşük veya yüksek değerlendirme ile çocuklarla ilgili olarak uç noktaların ifade edildiği maddelere iyi bir örnektir. Maddelerde ılımlı üslup kullanmak sosyal istenirlik eğilimini azaltır.

85. Yeni oyuncaklar ve faaliyetler çocuğa çekici gelir/ çocuğu cezbeder)

Düşük: Yeni oyuncaklar onu cezbetmez, bildiği oyuncaklardan veya faaliyetlerden vazgeçirmez.

Açıklama: Bu bir "dolgu" maddesidir ve bilişsel tarz ile ilgilidir. *Bu davranış güvenli üs kavramıyla ilgili olarak ölçülen bir davranış değildir.* Buna rağmen, maddeyi doğru puanlamak önemlidir. Misafirlerin getirdikleri yeni şeylere (oyuncak olmak zorunda değil) ve önerdikleri yeni faaliyetlere odaklanın. Çocuğun sadece misafire olan tepkisine veya yabancıyla bilindik bir faaliyet içinde ilgilenmesine odaklanmayın. Bunlar sosyallik belirtileridir ve başka maddeler tarafından da vurgulanmaktadır.

Çocuğun tepkisini gözlemleyebilmek için ona önceden bilmediği bir aktivite önermek faydalı olur. Sınıflandırma ve gözlem açısından, anne ve çocuk için bazı kısa aktiviteleri önceden planlamak faydalıdır. Bu, eğer anne ile çocuğun daha önceden bilmedikleri bir aktivite ise, çocuğun yeni aktivitelere ilgisini gözlemlemek için iyi bir fırsat olur. Ayrıca çocuğun yeni aktivitelere karşı ilgisini annesine de sorabilirsiniz. Eğer yeni aktivitelere tepkileri gözleme fırsatınız olmazsa maddeyi küme 5'e yerleştirin.

86. Çocuk annesinin onu taklit etmesini sağlamaya çalışır veya annesi onu kendiliğinden taklit ettiğinde bunu hemen fark eder ve bu çocuğun hoşuna gider.

Düşük: Bu tür taklit davranışlara özel ilgi göstermez.

Açıklama: Bu davranış pürüzsüz bir etkileşimin, duygu paylaşımının ve muhtemelen sosyal referans almanın birlikte görülmesidir. Bu madde sadece anneye yapılan bir davranışa işaret eder, ziyaretçileri içermez. Tek bir örnek gözlenmesi yüksek puanlamaya sebep değildir. Birkaç örnek ve devam eden taklit davranışları gözlemlemeye veya çocuğun tepkilerinin çok açık olarak olumlu olduğu durumları fark etmeye çalışın. Bu maddeyi çocuğun hiçbir taklit davranışını görmediğiniz zaman düşük değerlendirmeyin. Düşük puan için annenin taklit davranışlarını çocuğun umursamadığını gösteren belirgin veya tekrar eden davranışlar gözlemlemeye çalışın. Bu davranış çok nadir gözlemlendiğinden sıklıkla bu madde küme 5'te değerlendirilir.

87. Anne çocuğun yaptığı bir şeye güler veya bunları onaylarsa, çocuk aynı şeyi tekrar tekrar yapar.

Düşük: Annesinin tepkisi çocuğu bu şekilde etkilemez.

Açıklama: Bu madde mizaç özelliği olarak olumlu duygu eşiğini yansıtan bir maddedir. Bu tür bir mizaç doğal etkileşimi kolaylaştırır ve bu da çocuğun güvenli üs ilişkisini (eğer annesi işbirliği yaparsa) oluşturma ihtimalini artırır. Ayrıca bu davranış birçok durumda, doğal iletişim ve duygusal paylaşımla ilişkilidir. Mizaçla ilişkili bir maddenin toplam güven puanına eklenmesi yanlış değildir. Ölçüt sınıflandırması puanları birçok maddeye dayanmaktadır. Başka maddelerle ilgili bilgi alınmasını kolaylaştıran her madde çok etkilidir. Eğer tüm güvenli üs maddeleri yüksek değerlendirilmişse bu madde genel güvenlik puanlaması üzerinde değişiklik yaratabilir. Ancak yalnız başına yüksek bir güvenlik puanı oluşturamaz.

88. Bir şey huzurunu kaçırdığında çocuk olduğu yerde durur ve ağlar.

Düşük: Ağladığında annesinin yanına gider. Annesinin onun yanına gelmesini beklemez.

Açıklama: Bu davranış, Yabancı Ortamda "pasif" davranış olarak puanlanan fiziksel temasa direnç davranışına benzemektedir. Her iki tarafın da güvenli üs ilişkisinde aktif rolleri vardır. Dolayısıyla, bütün sorumluluk yetişkin tarafa bırakıldıysa bunu dikkate alın. Anne duyarsız veya tepkisiz olduğu için çocuğun yaşadığı öfke patlamalarından ziyade çocuğa bir şey olduğu zamanki tepkilerine ağırlık verin. Bu madde zaman zaman gözlemlenen bir durum içerdiği için sınıflandırma setine dahil edilmiştir. Gözlemci salt bu davranışın gözlemlenmesi ile puan vermelidir. Tanımlayın ama teşhis koymayın (çıkarsama yapmayın).

Elbette Bowlby, bebeklerin sıkıntıda oldukları zamanlarda ne yapmaları ve nasıl bir güvenli üs davranışı sergilemeleri gerektiğine dair güçlü tanımlamalar yapmıştır. Bebeğin davranışı kısıtlanmadıkça veya fiziksel bir özürü olmadıkça, fiziksel yakınlığın aranmadığı stresli bir durum Bowlby'nin doğru ve düzgün çalışan bağlanma kontrol sistemi tanımı ile tutarsızdır (Problemin kontrol sisteminin kendisinden gelen bir aksaklıktan mı yoksa sistemin doğal işleyişini bozan bir tür duyuştemelli etkiden mi kaynaklandığı belirtilmemiştir).

Bowlby'e göre bağlanma davranışları "Türe Özgü Davranış Kontrol Sistemi" ile kontrol edilmektedir. Bebek sıkıntılı olduğunda bu kontrol sistemi aktive olmaktadır. Böyle bir durumda oyun ve keşif davranışları azalır. Bebek bağlanma figürüne yönelir ve fiziksel yakınlık arar. Bağlanma figürüne yaklaşır ve tamamen rahatlayana kadar vücut vücuda bir temas arar. Vücut vücuda sıkı temas, sıkıntının ortadan kalkması için yapılması gereken gerçek (doyurucu) davranış olarak görülebilir.

Öğrenme teorisyenleri belli bir davranışın belli durumlarda olması gerektiği fikrine şüpheyle yaklaşmaktadırlar. Ancak Bowlby'nin güçlü normatif yaklaşımı bağlanma teorisine iyi hizmet etmektedir. Sadece böyle bir yaklaşım, Yabancı Ortamdaki kaçınma ve direnmenin duyarsız bakım ve bebeklik sonrası bağlanma problemleri ile ilişkili olduğunu anlamak için temel oluşturabilir.

89. Bir şeyle oynarken çocuğun yüz ifadeleri güçlü ve anlaşılır.

Düşük: Yüz ifadeleri kolaylıkla anlaşılır değildir.

Açıklama: Bu madde olumlu duygu ve ilgiyi belirten yüz ifadeleri ile ilgilidir. Sızlanma, yakınma ve ağlama ile ilgili yüz ifadelerini belirtmemektedir. Bu madde bir "dolgu" maddesidir. Güvenli üs kavramıyla bağlantılandırılması amaçlanmamıştır. Yine de, maddeyi doğru puanlamak önemlidir.

"Dolgu" maddeleri gereklidir. Sınıflandırma setindeki tüm maddeler anneyi güvenli üs olarak kullanmakla ilgili olsaydı, değerlendirme yapmak çok zor olurdu; çocuk oldukça güvenli bağlandığı halde bazı maddelere düşük puan vermek zorunda kalınırdı. "Dolgu" maddeleri başka amaçlara da hizmet edebilmektedir. Örneğin, bu maddeler sınıflandırma setinin bağlanma güvenliği üzerindeki vurgusunu daha az hissedilir hale getirir. Bu da, annelerin gözlemci olduğu durumlarda gözlemdeki sosyal istenirliği azaltabilir.

Not: Sınıflandırma seti maddelerine çok aşina olmadıkça veya alanda bu yöntemi kullanmadıkça puan verilebilecek bir davranışı gözden kaçırmak kolaydır. Maddelerde belirtilen bir davranışı çocukta gözlemlemek için değil oyun için oynanması, deneyimsiz bir gözlemcinin pek çok davranışı kaçırdığının ve ziyareti sıkıcı bulduğunun bir işaretidir.

90. Anne çok uzağa giderse çocuk onu takip eder ve oyununa annenin gittiği yerde devam eder (Çağırılması veya oraya götürülmesi şart değil; oyun oynamayı bırakmaz veya huzursuzlanmaz).

Orta: Çocuğun uzağa gitmesine izin verilmez veya gidecek yer yoktur.

Düşük: Çocuk oyununa devam edebilir veya etmeyebilir; ancak anne gidince konumunu değiştirmez.

Açıklama: Bu madde, çocuğun güvenli üs ilişkisindeki etkin rolünü temsil etmektedir. Çocuğun, annesinin ne yaptığını izleme ve ulaşılır olmasını sağlama konusundaki aktif çabalarıyla oyununu uyum içinde yürütebildiğini gösterir. Bu davranış olumsuz bir anlam (örn. yapışma veya bağımlılık) içermemektedir. Çocuk annenin yanına giderken keyfi kaçmaz. Bu davranış, annenin yakınında oynamayı (mizacı veya durumun gerekleri nedeniyle) tercih eden bir çocuğun yetkin güvenli üs davranışıdır. Bu davranış en çok, çocuğun yabancısı olduğu ortamlarda veya çocuk ziyaretçiye karşı temkinli yaklaşırsa görülür. Evde bunun belirgin örneklerini görürseniz, maddeyi uygun şekilde sınıflandırın. Waters, oyunun taşınabilir olmadığı ve çocuğun annesinin uzaklaşmasına karşı koyduğu birkaç durumda maddeyi yüksek sınıflandırdıklarını ifade etmektedir. Bu durumlarda, anne uzaklaştığı halde, çocuğun aynı yerde oyununa devam etmesine izin vermeye isteklidir.

Gözlemler evin içi ve çevresiyle sınırlıysa, anneyi takip etme veya oyununu onun olduğu yere taşıma davranışının yokluğuna çok fazla ağırlık vermeyin.

EK II

Anne Davranışları Sınıflandırma Seti (ADSS) Yönergesi, Maddeleri ve Açıklamaları (Maternal Behaviour Q-sort Manual Version 3.1)

David R. Pederson, Greg Moran ve Sandi Bento

Department of Psychology, University of Western Ontario,
Londra, Ontario N6A 5C2, Kanada Ekim 1994 (Mayıs 1999'da gözden geçirilmiştir)

Pederson, D. R. ve G. Moran. "Appendix B. Maternal Behavior Q-set." *Caregiving, cultural, and cognitive perspectives on secure-base behavior and working models: New Growing Points of Attachment Theory and Research,* içinde, der. E. Waters, B. E.Vaughn, G. Poseda ve K. Kondo-Ikemura. *Monographs of the Society for Research in Child Development* 60(2-3, 244) [1995b]: 247-254.

Giriş ve Önemli Not:

Anne davranışları sınıflandırma setinin bu sürümü (3.1) yukarıda belirtilen kaynaktaki 2.1'in gözden geçirilmiş halidir. Bu sürüm özellikle anne-çocuk etkileşimini tanımlayan maddeleri içerecek şekilde değiştirilmiştir. ADSS'yi kullanacak olan araştırmacı ya da gözlemcilerin 1) bağlanmayla ilgili temel ilkelere ve bu sınıflandırma seti maddelerine aşina olması, 2) gözlem sırasında annenin ulaşılabilirliği, çocuğu kabulü ve çocukla gösterdiği işbirliği hakkında kapsamlı notlar alması ve ziyaret bittikten sonra bu notları zenginleştirmesi gerekmektedir. Bu nedenle yukarıda belirtilen makalenin gözlemci eğitimi ve gözlem sırasındaki işlemler ile ev ziyaretleri sırasındaki işlemleri açıklayan bölümlerinin okunması gerekmektedir. Ayrıca Everett Waters'in http://www.psychology.sunysb.edu/ewaters/measures/aqs.htm web adresindeki yöntemle ilgili önerileri de dikkatle incelenmelidir.

Uygulamalara başlamadan önce tüm maddeleri yaklaşık 7x10 cm boyutlarındaki kalın kartlara basarak hazır edin. Kartlarda madde numaraları da mutlaka bulunmalı, fakat *maddelerin ağırlıkları kesinlikle kartlara yazılmamalıdır.*

Sınıflandırma İşlemi:

Sınıflandırmanıza başlamadan önce elinizdeki kartları iyice karıştırmayı unutmayın! Sınıflandırma işlemleri *üç adımda* gerçekleşmektedir:

1. Önce kartları üç kümeye ayırın. Anneyi tanımlayan davranışların bulunduğu kartları sağdaki kümeye; gözlemlenmeyen, anneyi kısmen tanımlayan veya anne için bazen doğru bazen yanlış olan davranışlarla ilgili kartları ortadaki kümeye ve anneyi tanımlamayan kartları soldaki kümeye koyun. Teknik olarak, kümeler kabaca eşit ama ortadaki kümede biraz daha az kart olduğunda sınıflandırma daha iyi sonuç vermektedir. Gözlemlediğiniz etkileşimlerin belirgin özelliklerini tanımlamak istediğinizi unutmayın.

2. Daha sonra, "Anneye benziyor" dediğiniz kümeyi, bu kümeye ait kartların üzerindeki davranışların, annenin gözlemlenen davranışına ne kadar benzediğini göz önüne alarak birbirine yaklaşık olarak eşit üç kümeye daha ayırın. "Anneye benzemiyor" dediğiniz kümeyi benzememe derecesine göre üçe ayırın. Son olarak ortadaki kümeyi, benzemeyen kartları sola, benzeyenleri sağa koyarak üç kümeye ayırın. Bu ikinci sınıflandırma ilk sınıflandırmada yaptığınız hataları fark etmenizi ve düzeltmenizi sağlayacaktır.

3. Bu değerlendirmeden sonra elinizde yaklaşık olarak eşit sayıda kart içeren 9 küme olmalı. En sağdaki kümeden başlayarak kartları okuyabileceğiniz şekilde yerleştirin. Eğer bu kümede 12 karttan daha az kart varsa, kümedeki kart sayısı en az 12 olacak şekilde yeterli sayıda kartı bitişiğindeki kümeden bu kümeye geçirin. Sonra, annenin gözlemlenen davranışını en iyi tanımlayan 10 kartı seçin. Bu 10 kart küme

9'a aittir. Artan kartları bir sonraki kümeye (küme 8) aktarın ve aynı şeyi tekrarlayın; bu kümedeki anneyi en iyi tanımlayan 10 kartı seçin. Yine bu kümede incelemek için en az 12 kart olmasına özen gösterin. Bu işleme 9, 8, 7 ve 6. kümeleri bitirene kadar devam edin. Daha sonra anneyi tanımlamayan, en soldaki kümeye gidin ve aynı işlemi bu defa anneye en benzemeyen 10 kartı seçerek tekrarlayın. Bu kartlar küme 1'de sınıflandırılacaktır. İşlemleri bitirdiğinizde elinizde her birinde tam 10 kart olan 9 küme olmalı (kümelerdeki kartların kendi içindeki sıralaması önemli değildir).

Sınıflandırma işlemi tamamlandıktan sonra, madde numaralarını bir kâğıda kaydedin. Bu işlem için 1'den 9'a kadar numaralandırılmış 9 satır ve her satırda 10 sütun olan aşağıdaki örnekteki gibi bir tablo kullanabilirsiniz. Dokuz satır, 9 kümeyi yani her maddenin aldığı dereceyi göstermektedir. Aslında, bu işlemler sonucunda, annenin davranışını 9 dereceli bir ölçek üzerinde değerlendirmiş oldunuz ve her bir derece tam olarak 10 kez kullanılmış oldu. Elde ettiğiniz tablo sizin veri kâğıdınızdır ve her bir maddeyi aldığı derecesiyle göstermektedir.

MADDELER

1										
2										
3										
4										
5										
6										
7										
8										
9										

KÜMELER

Veri Girişi:

Veri girişi için kendi yazılımınızı geliştirebileceğiniz gibi, Excel veya QuatroPro gibi bir program da kullanabilirsiniz. Öncelikle Excel'de "veri girişi" adında bir sayfa oluşturun; bu sayfada 10 tane "1", 10 tane "2" ve 10 tane "9" içeren 90 satırlı bir sütun oluşturun. Küme 1'deki 10 kart "1"lerin yanına, küme 2'deki 10 kart "2"lerin yanına, vs. gelecek şekilde her kümedeki madde numaralarını bu sütunun yanına kaydedin. Artık elinizde 90 satırlı iki sütun var (katılımcı numarası satırı dahil değil); birincisinde "1"ler, "2"ler, vs. ikincisinde ise sınıflandırma setinin madde numaraları var. Daha sonra, bu iki sütunu madde numarasına göre dizin; böylelikle bir sütunda 1'den 90'a madde numaraları, "veri sütunu" olarak adlandırabileceğimiz diğerinde ise her maddenin puanı (veya ait olduğu) kümenin numarası olacaktır. Pek çok istatistik programı katılımcıların satırlarda olduğunu varsaydığı için veri sütununu seçip kopyaladıktan sonra Excel'in "Düzen-Özel Yapıştır" menüsündeki "İşlemi tersine çevir" komutunu kullanarak yana yatırmalısınız. Bu şekilde elde ettiğiniz satırı "veri" adını vereceğiniz ikinci bir sayfaya kopyalayın. Satırın başına katılımcının ve gözlemcinin numaralarını eklemeyi unutmayın. Veri matrisinin başında katılımcı numarası, gözlemci numarası ve 1'den 90'a kadar madde numaralarını içeren bir satırın olması işinizi kolaylaştıracaktır. Veri matrisinin ikinci satırına duyarlık ölçüt sınıflandırmasını yerleştirin. Annenin duyarlık puanı programın "korelasyon" komutu kullanılarak hesaplanabilir. Bu iş için geliştirilmiş Türkçe bilgisayar programı METU-QSoft'un kullanım bilgisi yukarıda verilmiştir. Bu programı yazarlardan ücretsiz olarak isteyebilirsiniz.

Sınıflandırma Seti Maddeleri

Not: Madde numarasını maddenin kendisi takip etmektedir. Soldaki parantez içindeki sayı o maddenin duyarlık için ölçüt ağırlığıdır. Sınıflandırma seti kartları üzerine sadece madde numarası ve maddenin kendisi yazılmalıdır (yani ağırlıkları ve açıklamaları karta yazmayın!).

(2) 1. **Etkileşime katkıda bulunması için B'ye pek fırsat tanımaz.**

Açıklama: A oyun veya etkileşimi başlatabilir, ama B'nin öncülüğünü kabul etmez. Dolayısıyla, karşılıklı etkileşimin sıralı oluşu (yani etkileşimin A-B-A-B-A gibi bir sıra izlemesi) çok az görülür ya da hiç görülmez. A, B'nin niyetlerine dikkat etmeden emirler verir. Çok az etkileşim varsa veya hiç etkileşim yoksa orta kümelere yerleştirin.

(8) **2. Ziyaret süresince B'nin ne yaptığını takip eder.**

Açıklama: Başka işlerle uğraşsa bile A B'yi yakından takip eder. B başka bir odaya giderse A onun neyle uğraştığının farkındadır. A'nın davranışları, onun B'nin ne yaptığını sürekli bildiği izlenimini uyandırır.

(2) **3. A'nın tepkileri tutarsızdır, kestirilemez.**

Düşük: Tutarlı olarak aynı şekilde tepki verir.

Açıklama: Bu maddede A'nın verdiği tepkilerin ne kadar tahmin edilebilir olduğu ölçülmektedir. B'nin gözünden, A'nın olumlu veya olumsuz ipuçlarına nasıl tepki vereceğini kestirmek güçtür. B'nin verdiği ipuçlarına A'nın verdiği tepkileri veya tepkisizliğini dikkate alın. Eğer A, B'nin ipuçlarını sürekli olarak görmezden gelirse veya sürekli olarak duyarlı davranırsa, "Anneye benzemiyor" kümelerinden birinde sınıflandırın.

(2) **4. Ziyaretçilerle ilgilenirken B'nin ne yaptığının farkında olmaz.**

Açıklama: A ziyaretçilerle meşgul ve B'nin ne yaptığını takip etmiyor, B'nin ne yaptığının farkında değil. A, B'nin aktivitelerini fark etmiyor veya bunlarla ilgili yorumda bulunmuyor.

(1) **5. B ile yakın etkileşim sırasında acemice ve tedirgin davranışlar gösterir.**

Açıklama: B'yle fiziksel temas kurarken mekanik, ruhsuz ve baştan savar gibi görünüyor. Örneğin, A, B'yi tutarken ve kucaklarken rahat değil. B, temas için yaklaştığında B'yi kendinden başka tarafa yöneltebilir. Eğer hiç temas gözlenmezse, bu maddeyi orta kümelerde sınıflandırın.

(6) **6. B'nin ziyaretçilerle etkileşime girmesini destekler.**

Örnekler: A B'yi ziyaretçiyle tanıştırır. Yerini B'nin ziyaretçiyle olan etkileşimlerini kolaylaştıracak şekilde ayarlar. B'nin yabancılarla etkileşim içindeyken yapmakta rahat olduğu şeyleri önerir.

(4) 7. Dolaştırırken veya duruşunu düzeltirken B'ye cansız bir nesneymiş gibi davranır.

Açıklama: A, B'yi fiziksel olarak hareket ettirdiği zaman bunu uygunsuz veya yumuşaklıktan uzak bir şekilde yapar. Örnekler: B'ye bir kuklaymış gibi davranır, aniden B'nin üstüne atlar, B'nin duruşunu kaba bir şekilde düzeltir.

(7) 8. Odadan ayrılırken B'ye gittiğini belli eder veya açıklama yapar.

Açıklama: A'nın verdiği işaretin uygunluğuna B'nin aktivitesini içeren duruma bakarak karar verin. A, B'yle etkileşimde değilse ve B bir faaliyete dalmışsa A'nın, gittiğini belli eden bir işaret yapmasına gerek olmayabilir. B'yle etkileşimdeyken odadan ayrılması gerektiğinde ayrılırken gittiğini belli eder veya bir açıklama yaparsa yüksek değerlendirin. A, ziyaret sırasında odadan hiç ayrılmazsa orta kümelerde değerlendirin.

(2) 9. Kendisine yöneltilen olumlu işaretleri (sesler çıkarma, gülücükler, uzanmalar gibi) göz ardı eder.

Açıklama: B'nin olumlu duygu durumu veya A'yla etkileşime girme çabaları A tarafından görmezden gelinir. Bunlar B'nin A'ya yönelttiği işaretlerdir. Eğer B, A'ya olumlu işaretler vermezse orta kümelerde değerlendirin.

(6) 10. B'yle doğrudan konuşur.

Açıklama: A ona yorumlarda bulunduğunda B dikkatini A'ya verir. A iletişime geçmeden önce B'nin dikkatini çeker.

(4) 11. B'ye bir nesnenin veya aktivitenin adını veya anlamını öğretiyormuş gibi kelimeleri dikkatle ve yavaşça tekrarlar.

Açıklama: B'nin çıkardığı sesleri veya B'nin aktivitelerini öğretici bir üslupla geliştirir.

(4) 12. Uyku saatleri B'nin o anki ihtiyacından ziyade A'nın düzenine göre belirlenir.

Açıklama: A gözlemciyle olan randevuyu B için en iyi zamana göre değil kendi programına göre belirler. Ziyaret sırasında B yorulursa, A bunu görmezden gelir veya tepki vermez.

(5) 13. B'yi oyalamak için kardeşlerini veya televizyonu kullanır.

Açıklama: B'yi televizyonun önüne koyarak veya kardeşinin onunla etkileşime girmesini sağlayarak kendini B için ulaşılmaz kılar. Eğer televizyon açık olduğunda A, B'nin ne yaptığını takip etmek veya onunla ilgilenmek için ulaşılabilir kalırsa maddeyi anneye benzemeyen kümelerde sınıflandırın.

(3) 14. Ziyaretçiyle konuşmak veya başka bir şey yapmak için B'yle etkileşimini pat diye keser.

Açıklama: B'yle etkin olarak haşır neşirken önceden haber vermeden veya B'yi buna hazırlamadan etkileşimi bitirir veya etkileşime ara verir. Örnek: B hâlâ onunla etkileşimdeyken telefona cevap vermek veya ziyaretçiyle konuşmak için B'yi yere bırakır.

(4) 15. B'ye becerebileceğinin üzerinde oyun veya faaliyetleri yaptırmaya çalışır.

Açıklama: B'nin becerilerinin farkında değil veya beceri düzeyine duyarsız. Örnek: B bir aktiviteyle boşuna uğraştığı için sinirli/yılgın göründüğü veya bu aktiviteyi tamamlayamadığı halde A, onu aynı aktiviteyle meşgul eder. Bu A'nın B'ye yeni amaçlarını gerçekleştirmesi için yardımcı olduğu durumların tersinedir.

(2) 16. Etkileşim sırasında, B'nin yavaşlama veya faaliyeti bitirme isteğini belirten işaretlerini kaçırır.

Açıklama: A, B'nin aktiviteyi sevmediğine veya ilgilenmediğine dair verdiği ipuçlarına göre etkileşimi değiştirmez. Örnek: B'nin başka tarafa yönelmesine veya reddetmesine rağmen B'ye aynı oyuncağı vermeye devam eder; B, bununla ilgilenmediği halde ondan bir marifetini göstermesini ister.

(1) 17. Etkileşimin içeriği ve hızı B'nin tepkilerinden ziyade A tarafından belirlenir.

Açıklama: A, etkileşim sırasında kendi bildiğini okur. B'nin etkileşimin içeriğini veya hızını değiştirme girişimlerini veya bununla ilgili işaretlerini görmezden gelir. B'ye kendi arzularını kabul ettirmeye çalışır.

(4) 18. Evin bebekli bir ev olduğuna dair çok az işaret vardır.

Açıklama: B'nin keşif davranışına desteğin yokluğunu belli eder şekilde B'nin eşyaları hemen görülebilecek gibi meydanda değildir. Çevre B açısından güvenli bir hale getirilmediği için A, B'nin keşiflerini kısıtlamak zorunda kalır. Eğer B'nin eşyaları ve oyuncakları ulaşılabilirse ve A, B'nin keşifleri için ilginç ve güvenli bir ortam yaratmışsa maddeyi anneyi tanımlamayan kümelerde değerlendirin.

(4) 19. **B huysuzlandığında onu başka bir odaya koyar.**

Açıklama: Olumsuz duygu gösterdiğinde B'yi kendinden uzaklaştırır. Örnek: B'yi yatak odasına veya evdeki oyun parkına koyar. Olumsuz duygu gözlenmezse maddeyi ortadaki kümelerde değerlendirin.

(9) 20. **B'nin sıkıntı ve rahatsızlık işaretlerine doğru ve yerinde karşılık verir.**

Açıklama: Doğru ve yerinde olma durumu B'nin tepkisine göre değerlendirilir. A'nın müdahalesinden sonra B'nin stresi azalır veya biter. A, hiç müdahalede bulunmazsa maddeyi anneyi tanımlamayan kümelerde değerlendirin. Hiç sıkıntı ve rahatsızlık işareti gözlemlemezseniz ortadaki kümelerde değerlendirin.

(3) 21. **B'nin bakım ihtiyaçları karşısında bunalır.**

Açıklama: B'nin temel bakımını sağlama A'ya dert olmuş gibi görünmektedir. Örnek: A, B'nin altını değiştirme veya B'ye yemek yedirme gibi işlerde pasif, çekingen veya yılgın olabilir.

(1) 22. **B'ye karşı kendini kapatır ve onun ilgi çekme çabalarını fark etmez.**

Açıklama: A, B'nin psikolojik olarak ona ulaşamayacağı durumdadır, B'nin ipuçlarını fark etmez.

(8) 23. **B'nin kendisine istediği zaman ulaşabileceği bir ortam sağlar.**

Açıklama: A kendini B'nin kendi başına onunla yakınlık kurabileceği şekilde konumlandırır. Eğer B, hareketliyse hiçbir engelle karşılaşmadan A'ya ulaşabilir. Eğer B hareketli değilse A, kendini B'nin yakınında konumlandırır.

(7) 24. **Yerini B'yi görebileceği/duyabileceği bir şekilde ayarlar.**

Açıklama: Örnekler: Yüzü B'ye dönük oturur. Eğer B hareket ederse A, kendini B'yi duyabilecek veya görebilecek şekilde yeniden konumlandırır.

(3) 25. Dikkatini aynı anda hem B'ye hem de diğer işlere vermeyi beceremediği için B'nin ipuçlarını kaçırır.

Açıklama: Burada ölçülen, A'nın aynı anda gelişen taleplere dikkat edebilme becerisidir. Başka işlerle uğraşırken B'nin ipuçlarını kaçırır.

(8) 26. Ağlamalara/sızlanmalara anında cevap verir.

Açıklama: Burada değerlendirilen A'nın tepkilerinin zamanlamasıdır. Ağlamalar, yılgınlık halleri ve kızgınlık dahil tüm olumsuz duyguları göz önünde bulundurun. Eğer olumsuz duygu yoksa orta kümelerde sınıflandırın.

(9) 27. Ziyaretçiyle sohbet gibi başka faaliyetler yaparken bile B'nin stres içeren ve içermeyen tüm işaretlerine cevap verir.

Açıklama: Başka işlerle uğraşırken B'nin ipuçlarına dikkat etmekle kalmaz, aynı zamanda bu ipuçlarına tepki verir.

(7) 28. Uygun olmayan bir faaliyetten dikkatini uzaklaştırmak için B'ye kabul edebileceği bir seçenek sunar.

Açıklama: B'ye onu meşgul edecek daha uygun bir faaliyet bulur (B'nin yeni aktiviteyi yapmayı kabul edip etmemesi önemli değildir).

(9) 29. B stres altında olduğunda A bunun neden kaynaklandığını anlar.

Açıklama: A, B'nin neye ihtiyacı olduğunu tahminle buluyormuş gibi değildir. B'yi iyi tanıdığı, B'nin A'nın girişimlerine verdiği tepkilerden anlaşılmaktadır.

(5) 30. B'yle etkileşimi daha çok aktif fiziksel manipülasyonlar içerir.

Açıklama: Etkileşimler sözel olmaktan çok fizikseldir. A, B'nin hareketlerini ve konumunu fiziksel olarak kontrol eder. Örnekler: B'nin elini nesneye doğru götürür, B'yi enerjik bir şekilde hareket ettirir, elimin üstünde eli var, o tutmuş bu getirmiş benzeri oyunlar oynar.

(3) 31. Pürüzsüz bir etkileşim sağlayacak bir geçiş süresi olmaksızın, B'nin yakınlık ve/veya temas arayışlarını başka bir şeye yönlendirir.

Açıklama: A'nın B'nin yakınlık ve temas isteklerini başka yöne yönlendirişindeki aceleciliği göz önünde bulundurun. Örnekler: B'nin temas arzusuna cevap vermez, B'nin temas ihtiyacı karşılanmadan B'nin dikkatini başka yöne çevirir. Eğer A, B'nin isteğine cevap verir ve B'nin kabul edebileceği bir alternatif önerirse, maddeyi düşük kümelerde sınıflandırın.

(1) 32. Etkileşimler B ile senkronize değil. Yani A'nın davranışını zamanlaması B'nin davranışıyla tutmuyor.

Açıklama: Örnekler: B'nin keyif aldığı bir faaliyete karışabilir, B onunla iletişim kurmaya çalıştığında cevap vermez, B başka işlerle uğraştığı halde etkileşim başlatır, B sessiz olduğunda aktiftir, B aktif olduğunda sessizdir.

(3) 33. Bebeğin ihtiyacına cevap verebilecek en iyi yöntemi bulmak için bir dizi müdahalede bulunur; deneme-yanılma yöntemine başvurur.

Açıklama: B'nin ihtiyaçlarını karşılarken belirli bir stratejisi yok, müdahalelerinin açık ve makul bir açıklaması yok. B'nin ihtiyaçlarını sezinleyemez.

(9) 34. Etkileşimler bebeğin temposuna ve o anki durumuna göre şekillenir.

Açıklama: Etkileşimde B'nin yönlendirmesine uyarak B'nin o anki durumunun farkında olduğunu gösterir. Örnekler: B yorgun olduğunda onu bir işi bitirmesi için zorlamaz, B'nin ilgisine ve yorgunluğuna göre etkileşimi değiştirir.

(9) 35. B'yle olan etkileşim iyi sonuçlanır, B tatmin olduğunda etkileşim sonlanır (Değerlendirirken B'nin hoşlandığı etkileşimlerin sonlandırılış şeklini de dikkate alın).

Açıklama: Eğlenceli faaliyetlerin yanı sıra rahatlama arayışları da göz önünde bulundurulur. A, belirli bir faaliyetin ne kadarının B'ye yeteceğini bilir. Örnek: Eğer B, A ile (fiziksel) temas kurmuşsa B bırakılmaya hazır olana kadar teması bitirmez, kesmez veya B'yi başka bir şeye yönlendirmez. Eğer B, A ile oyun oynuyorsa, B başka bir şeye yönelene veya başka bir şekilde oyunun bittiğini işaret edene kadar oyunu sürdürür.

(7) 36. B için tehlike yaratabilecek aktiviteleri durdurur.

Açıklama: Durum gerektirdiğinde, A B'yi korumak için hızlı bir tepkide bulunur. Bu tepkisiyle B'ye başka bir alternatif bırakmayabilir. A'nın açık önceliği B'yi korumaktır.

(5) 37. B'nin üzerini batırma olasılığı varsa, uygun aktivitede bile müdahale eder.

Açıklama: A B'nin çevreyi keşfetme ihtiyacı veya yeni yeni gelişmeye başlayan bağımsızlığından ziyade B'nin üstünü başını kirletip kirletmemesiyle ilgilenir. Örnek: B bir şey yer veya içerken A sık sık onun elini yüzünü siler. Yemek sırasında yumuşak yemekleri elle yemek uygun olduğunda dahi müdahale eder. Eğer üstü başı batıran bir oyun gözlemlenmiyorsa orta kümelerde sınıflandırın.

(5) 38. Atıştıracak besleyici şeyler verir.

Açıklama: Bu bir "dolgu" maddesidir, A'nın hassasiyeti ile doğrudan bir ilişkisi yoktur. Ancak dolgu maddelerini doğru sınıflandırmak önemlidir, çünkü bir kartın sınıflandırmadaki yeri diğer kartların da yerine etki eder. Eğer besleyici yemekler vermek A'nın sık gözlemlenen bir özelliği ise, bu madde yüksek sınıflandırılan diğer maddelerin yerini alır. Örnek: B'ye yaşına uygun besleyici gıdalar verir.

(5) 39. B'yle etkileşim sırasında öğreticidir.

Örnekler: Etkileşimleri B'ye bir şeyler öğretebileceği fırsatlar olarak kullanır; B'nin faaliyetlerini isimlendirir, "Bu ne?" diye sorar, etkileşimler sırasında direktifler kullanır.

(5) 40. B'nin kendi başına yeme girişimlerini teşvik eder.

Açıklama: Neyin yaşa uygun olduğunu ve neyin B'nin inisiyatiflerini destekleyeceğini göz önünde bulundurur. Örnekler: Küçük lokmalar vererek B'ye kendi yemesi için şans verir, B'nin kaşık kullanmasına izin verir.

(4) 41. B'yle olan etkileşimlerinde nesneleri (oyuncak, yemek, vb.) aracı olarak kullanır.

Açıklama: A, etkileşimlerde aracı olarak yemek veya oyuncakları kullanır. Özellikle B kızdığında veya yakınlık istediği durumlarda A'nın ne yaptığına dikkat edin.

(2) 42. Sevgi ifadeleri genelde başa kondurulan üstünkörü ve mekanik öpücüklerle sınırlıdır.

Açıklama: Sevginin gösterilmesi aceleyle ve zorunluluk icabıdır, yakın ve B ile iç içe olmaktan uzaktır. Örnek: B'nin üzerine eğilip kafasına soğuk bir öpücük kondurur. Eğer herhangi bir sevgi gösterimi yoksa orta kümelerde sınıflandırın. Eğer duygusal etkileşimler içten gelen ve kendiliğinden yapılan dokunmalar, okşamalar ve öpücüklerle şekillenen bir sıcaklık ve sevecenlik içeriyorsa veya B'nin duygusunu göstermesine cevap olarak ortaya çıkıyorsa düşük sınıflandırın.

(6) 43. B'yle etkileşim sırasında canlıdır (canlandırmalar, taklitler yapar).

Açıklama: Duygusunu çeşitli şekillerde gösterir, B ile birlikteyken coşkuludur. Eğer A, B ile etkileşiminde duygusuz ve kayıtsızsa düşük sınıflandırın.

(8) 44. B'nin kendi duygulanımlarını kontrolü konusundaki beklentileri gerçekçidir.

Açıklama: B kendi kendini yatıştırma veya duygularını düzenleme kapasitesinin sınırına geldiğinde müdahale eder. A'nın beklentilerini, müdahale edişindeki zamanlamaya ve müdahalenin içeriğine dikkat ederek belirleyin. Örnekler: B'nin yaptığı işten kaynaklanan yılgınlığını yardım önererek yatıştırır, B düştüğünde acısı ile başa çıkmak için rahatlatmaya ihtiyacı olup olmadığını görmek amacıyla onu takip eder, B'nin aşırı heyecanıyla başa çıkmak için yumuşak bir şekilde alternatif faaliyetler önerir.

(7) 45. B'yi takdir ettiğini gösterir, ödüllendirir över.

Örnekler: B'nin, başardığı ve yaptığı şeyleri fark ettiğini belli ederek ve bunları onunla kutlayarak onayladığını gösterir.

(7) 46. Kucağına aldığında B'yi vücuduyla uyum içinde sarar. Orta: Bebek anne tarafından kucağa alınmıyorsa.

Açıklama: A'nın vücudu gevşemiş ve B ile yakın temasa olanak verecek şekildedir, B'yi kendine doğru çeker. Eğer A, B'yi kendinden uzak tutuyorsa veya B'yi tutarken kollarını kendiyle B arasına koyuyorsa maddeyi düşük sınıflandırın.

(7) 47. Sevgisini dokunarak, okşayarak gösterir. Orta: Sevgi ifadesi yoktur. Düşük: Sevgisini fiziksel olmayan biçimlerde ifade eder.

Örnekler: B yakın olduğunda, A, sevgisini göstermek için B'ye kendiliğinden dokunur veya onu şefkatle okşar. Eğer A'nın sevgisini gösterişi genelde sözel ise maddeyi düşük sınıflandırın.

(6) 48. B'nin çevresindeki ilginç şeyleri gösterir ve tanıtır.

Açıklama: B'nin ilgisini çekecek şeyleri gösterecek ve onları isimlendirecek kadar B'nin çevresindekilerden haberdardır. Aynı zamanda, A'nın B'ye faaliyetler arası geçişlerde sözlü işaretler vererek, ziyaretçileri tanıtarak, oyun sırasında oyuncakları ve faaliyetleri isimlendirerek B'nin çevresini onun için nasıl yapılandırdığını da göz önünde bulundurun.

(6) 49. B'yle etkileşim için isteklidir, fırsat kollar.

Açıklama: B ile etkileşimleri başlatır. Bu maddede etkileşimlerin içeriği, kalitesi ve zamanlaması ölçülmemektedir. Örnekler: B'ye oyuncakları tanıtır, B ile konuşur, B'yi yanına gelmesi için davet eder.

(6) 50. B için ilgi çekici fiziksel ortamlar yaratır.

Açıklama: B'nin keşfetmesini ve öğrenmesini sağlamak için ulaşılabilir ve uygun nesneler verir; bundan A'nın onun ihtiyaçları, ilgileri ve gelişimsel düzeyi hakkında açıkça düşünmüş olduğu anlaşılmaktadır. B'nin bu nesnelerle oynaması için hazırlanan yeri de göz önünde bulundurun.

(5) 51. Yaşına uygun oyuncaklar verir.

Açıklama: B'ye gelişimsel olarak uygun oyuncaklar verir; bundan B'nin gelişimsel yetenekleri hakkında düşündüğü ve bu konuda dikkatli olduğu çıkarılabilir.

(5) 52. Sözlü yasaklamalar kullanır ("Hayır" veya "Yapma" gibi).

Açıklama: B'nin hareketlerini sözlü olarak yasaklar veya kontrol eder.

(8) 53. Etkileşimler sırasında yavaşlayıp B'nin tepkisini bekler.

Açıklama: Etkileşimin hızını (temposunu) ayarlayarak B'nin tepki vermesine fırsat verir. Örnekler: Yeni bir faaliyeti tanıttığında B'nin keşif davranışına izin verir; bulmaca (yap-boz) oyununda bulmacayı tamamlamaktansa B'nin oyununu desteklemeye önem verir.

(1) 54. Etkileşimi/teması devam ettirmek için B'yle dalga geçer.

Açıklama: B'ye sataşmayı olumsuz duyguları ifade etmenin bir yolu olarak kullanır. Ainsworth'ün reddetme ölçeğinde olduğu gibi B, takılmaya, dalga geçmeye olumlu tepki verse bile, dalga geçenin davranışında olumsuz, saldırgan bir bileşen vardır ve uç noktalarda, dalga geçme sadistçe ve düşmancadır. Örnekler: B'ye oyuncaklar önerip B oyuncağa ilgi gösterdiğinde oyuncağı ulaşamayacağı bir yere koyar, oyuncağı sürekli B'nin suratına iter, B sıkıntılı olduğunda B'yi dürterek onu rahatsız eder. Eğer gözlemlenmiyor veya bu davranış anneden beklenmiyorsa maddeyi düşük sınıflandırın.

(8) 55. Bir birey olarak B'ye saygı duyar; yani kendi arzularıyla uyuşmasa bile B'nin davranışını kabul edebilir.

Açıklama: B'nin yapacakları A'nın beklentilerine uygun olmasa bile, B'nin bağımsızlığını gösterme, keşfetme ve çevresini tanıma arzularını herhangi bir sınırlama koymadan kabul eder. B için tehlikeli olabilecek hareketleri veya B'nin A'nın müdahalesine ihtiyaç duyduğu durumları (örnek: yatma vakti) dahil etmeyin.

(5) 56. B'nin bakımıyla ilgili pek çok "-meli, -malı"ları ya da kalıpları vardır. Rutinlere sıkı sıkıya bağlıdır.

Açıklama: Çocuk yetiştirmeyle ilgili B'nin gerçek ihtiyaç ve arzularını dikkate almayan ve bunlara uymayan, önceden düşünülmüş, esnek olmayan, katı fikirleri var. Örnekler: B'nin acil ihtiyaçlarını karşılamaktansa onu günlük plana bağlı tutmaya çalışır, erken tuvalet eğitimi ve sütten kesme konusunda ısrar eder.

(9) **57. B'yle etkileşimden keyif aldığı belli olur.**

Açıklama: B ile etkileşiminde onu çok sevdiği ve etkileşimden keyif aldığı belirgindir. Etkileşimler kendiliğinden yapılan olumlu hareketler, sesler ve B'ye gülümsemelerle şekillenir.

(6) **58. Çevreyi düzenlerken B'nin ihtiyaçlarını göz önüne alır.**

Açıklama: B'nin hem psikolojik hem de fiziksel ihtiyaçlarını göz önünde bulundurun. Örnekler: İşlerini B'nin ihtiyaçlarına göre ayarlar; B sıkıntılı veya yorgun olduğunda sessiz sakin bir zaman yaratır, fiziksel çevreyi B'nin hareketlerinin ve keşif davranışlarının engellenmeyeceği şekilde yapılandırır, tehlikeli ve yetişkinlere özgü nesneler B'nin ulaşamayacağı, oyuncaklar ise ulaşabileceği yerdedir.

(7) **59. Uygun faaliyetlerini kesmez, bunlara devam etmesine izin verir.**

Açıklama: Ainsworth'ün işbirliği ölçeğinde olduğu gibi, A'nın müdahaleleri veya etkileşim başlatması B'nin sürmekte olan faaliyetini bölmez, kesmez. Etkileşimlerin gerek zamanlaması gerekse niteliği B'nin o anki durumu, ruh hali ve ilgisine göre ayarlanır. Örnek: Eğer B uygun bir işle meşgulse, A yeni bir iş önermeden önce B işini bitirene kadar bekler.

(2) **60. B'yi azarlar veya eleştirir.**

Açıklama: Etkileşimler azarlamalar, hor görmeler ve düşmanca tenkitlerle şekillenir. Etkileşimlerde cezalandırıcı bir hava vardır.

(3) **61. B'nin fiziksel temas veya yakınlık isteğinden rahatsız olur.**

Açıklama: B'nin temas ihtiyacı örtülü bir şekilde çeşitli kızgınlık işaretleri yoluyla (örn. üflemeler, iç çekmeler, öfkeli bakışlar) kasıtlı olarak görmezden gelinerek ifade edilir. Ayrıca kızgınlık, B'nin yakınlaşma ihtiyacı eleştirilerek (örn. küçük gören bir ses tonuyla "Çok kötüsün" demek) veya B'nin temas ihtiyacı fiziksel olarak başka bir şeye yönlendirilerek açık bir şekilde de ifade edilebilir.

(9) **62. B'nin tepkilerinden de anlaşıldığı gibi, B'nin ipuçlarını doğru yorumlar.**

Açıklama: B'nin tepkilerinden de anlaşılacağı üzere A, B'nin ihtiyaçlarını doğru bir şekilde yorumlar. Örneğin: B mızmızlanır, A müdahale eder, B sakinleşir ve hoşnut görünür.

(2) **63. B'nin sıkıntısının farkında olduğunu B'ye hissettirir, ama müdahale etmez.**

Açıklama: B'nin stresini görmezden gelmez, farkındadır ancak tepki vermez. Örneğin; B'ye bakar veya durumuyla ilgili yorum yapar, ancak B'nin istediği veya ihtiyaç duyduğu şeyi vermez.

(6) **64. Odaya tekrar girdiğinde B'yi selamlar**

Açıklama: B'nin dikkat düzeyinin farkında olduğunu belli eder. Örneğin, selamlama B'nin o anki aktivitelerini bozmayacak veya kesmeyecekse, kısa süreli ayrılmalardan sonra yanına döndüğünde B'ye döndüğünü fark ettirir. Şayet böyle bir gözlem yapılmazsa orta kümelere yerleştirin.

(8) **65. B'nin verdiği işaretlere (ihtiyaçlarına) cevap verir.**

Açıklama: A, B'nin verdiği işartlerin farkında olmanın yanı sıra aynı zamanda bunlara cevap da verir. Bu cevaplar uygun olabilir veya olmayabilir. Eğer B'den gelen bir işaret yoksa orta kümelere yerleştirin.

(1) **66. Mütemadiyen tepkisizdir.**

Açıklama: B'nin olumlu veya olumsuz herhangi bir işaretine tepki vermez. Değerlendirme yaparken bu tepkisizliğin tutarlı oluşunu göz önünde bulundurun. Örneğin, A olumsuz belirtilere tepki veriyor, ancak olumlu belirtileri görmezden geliyorsa orta gruba yerleştirin.

(1) **67. Sadece sık, uzun süren veya şiddetli sıkıntılara tepki verir.**

Açıklama: B'nin sıkıntılı olduğunu gösteren belirtiler sadece sık, uzun veya şiddetli ise müdahale eder ve/veya B'yi rahatlatır, aksi takdirde B'nin huzursuzluğuna karşı ilgisizdir. A, B'nin sızlanma veya iç çekme gibi fazla şiddetli olmayan stres belirtilerine tepki göstermez.

(8) **68. B'nin tepkilerinden anlaşıldığı gibi etkileşimler uygun düzeyde heyecan verici ve güçlüdür.**

Açıklama: B ile etkileşimin zamanlaması doğrudur ve B'nin heyecanı veya aktivite seviyesi ile uyuşmaktadır.

(7) **69. B sıkıntılı olduğunda fark eder (örn. ağladığında, huysuzlandığında veya sızlandığında)**

Açıklama: B'nin sıkıntısının farkında olduğunu belli eder. B'ye kendisiyle ilgilendiğine dair belirgin işaretler verir. B'ye bakabilir veya durumu ile ilgili açıklama yapabilir. A müdahale edebilir veya etmeyebilir.

(1) **70. A'nın tepkileri gecikmeli olduğundan B annesinin tepkisiyle ona yol açan kendi hareketi arasında bağlantı kuramaz**

Açıklama: A'nın zamanlaması yüzünden davranışları B'nin işaretlerini veya davranışlarını doğrudan izlemez; bunlarla ilişkili olduğu açıkça belli değildir. Örneğin; B meyve suyu istediğini işaret eder, A dakikalar sonra getirir. B kucağa alınmak istediğini belli eder, A devam eden işi bitene kadar görmezden gelir ve daha sonra tepki verir.

(9) **71. B'nin odaklandığı şey etrafında etkileşimi sürdürür.**

Açıklama: B'nin ilgi ve dikkatinin farkındadır ve bu bilgiyi onunla olan etkileşimlerini yönlendirmek için kullanır. Örneğin, oyun sırasında yeni bir faaliyet önermek yerine B'nin ilgisini çeken şeylere yoğunlaşır.

(8) **72. B gülümsediğinde ve sesler çıkardığında fark eder.**

Açıklama: B'nin olumlu sinyallerinin farkında olduğuna dair gözlenebilir işaretler verir. Örneğin, B güldüğünde ona bakar ancak gülümseyerek veya seslenerek karşılık verebilir veya vermeyebilir.

(5) **73. B'ye sinirlendiğinde, etkileşimi keser veya B'yle etkileşimden uzak durur.**

Orta: Sinirliliği B'ye yönelik olmadığında veya yukarıdaki durum gözlenmediğinde.

Düşük: B'ye sinirliliğini etkileşimin duygusal tonunu yükselterek gösterir.

Açıklama: Kızdığı zaman B'den ya fiziksel ya da duygusal olarak uzak durur. Örneğin, B canını sıktığında birlikte bir aktivite yapmayı reddeder, soğuk veya donuk davranabilir.

Eğer kızgınlık veya öfke duyguları B ile etkileşimde gittikçe artan biçimde ifade ediliyorsa maddeyi düşük kümelere yerleştirin. Örneğin,

B bir şey yapar ve A beğenmezse azarlayarak, alaycı davranarak veya B'ye bağırarak karşılık verir.

(4) 74. B'nin keşif davranışları konusunda kaygılıdır (örn. sürekli başında dikilir).

Açıklama: B'nin kendi başına yaptığı keşif davranışlarını gereğinden fazla gözetim altında tutar. B'nin gelişimsel anlamda uygun olan keşif davranışları ile ilgili olarak aşırı endişeli ve tetiktedir. Örneğin, B'nin hareketlerini fiziksel olarak kısıtlayabilir, B belirgin bir şekilde rahat yürüyebildiği halde başında dikilir.

(7) 75. Çevreyi tek başına keşfetmesi için B'yi teşvik eder.

Açıklama: B'nin keşfe olan ilgisini fark eder ve ona kendi başına keşif yapabilmesi için imkân sağlar. Örneğin, B'ye ilginç bulabileceği faaliyet veya oyuncaklar sunar ve B'nin bunları incelemesine izin verir.

A, B'nin keşiflerini görmezden geliyorsa orta kümelere yerleştirin.

Şayet A kontrol ederek veya müdahale ederek B'nin kendi başına keşif yapması konusunda cesaretini kırıyorsa düşük kümelerden birine yerleştirin.

(8) 76. B'yi yatıştırmak için yakın fiziksel temas kullanır.

Açıklama: B üzgün olduğunda A onu kollarıyla sarıp kucaklayarak, fiziksel temasla rahatlatır. Örneğin, B sıkıntılı olduğunda onu kucağına alır ve sarılır.

Şayet gözlem sırasında B huzursuzlanmazsa orta kümelere yerleştirin.

(6) 77. Ziyaret boyunca B ile konuşur, sesler çıkarır.

Açıklama: Ulaşılabilirliğini göstermek için sözel iletişim kullanır. Bu madde A'nın B'ye seslenme ve B ile konuşma ölçüsünü değerlendirir; konuşmanın zamanlama ve içeriği uygun olabilir veya olmayabilir. Örneğin; A'nın B'nin farkında olduğu ve B ile ilgili olduğu hissedilir. Şayet A, B ile hiç konuşmazsa düşük kümelere yerleştirin.

(6) 78. B ile sosyal/etkileşimsel oyunlar oynar.

Açıklama: B ile etkileşimli oyunlar oynar. Örnek: saklambaç, kovalamaca ve yaşa uygun diğer hareketli oyunlar.

(4) 79. B'nin istekleri A'yı strese sokar.

Açıklama: B'den gelen sinyallere karşı tahammülü düşüktür, B'nin bakımı ile ilgili sorumluluğu kabul etmekte zorlanır. Örneğin, B'nin ilgi-bakıma veya rahatlatılmaya ihtiyacı olduğunda, A sinirli, canı sıkkın, sabırsız ve kızgındır.

(4) 80. B kendisiyle işbirliği yapmadığı zaman rahatsız olur.

Açıklama: Kendi inisiyatiflerine veya isteklerine uymuyorsa B'yi kabul etmez veya ona saygı göstermez. Örneğin, B istenileni yapmadığında A, B ile savaşarak ilişkideki duygusal tonu artırır, B'yi uzaklaştırır, görmezden gelir veya isteklerini yerine getirmeyi reddeder.

(9) 81. B'ye olumlu duygularını içinden gelerek gösterir.

Açıklama: Sevgi ve kabul B'ye açıkça ifade edilir. A, B'yi sevmenin yanı sıra bu duygularını ona açıkça gösterir. Örneğin, memnuniyetini B'ye güzel sözler söyleyerek belli eder. B, sevimli bir şey yaptığında gülümser ve yorum yapar.

(3) 82. Yakınında olduğunda B'nin hareketlerini fiziksel olarak kısıtlar.

Açıklama: B'yi fiziksel olarak kısıtlar. B'yi oyun parkına bırakarak veya mama sandalyesine oturtarak yapılan kısıtlamalar, şayet A, bunu B'nin keşif davranışlarını kısıtlamak için kullanıyorsa dikkate alınır. Örneğin, oyun oynarken uzağa gitmemesi için B'yi bacaklarının arasında tutar.

(3) 83. B ile etkileşimi sırasında uzak, ilgisiz.

Açıklama: Etkileşimler B'nin devam etmekte olduğu aktivitelerden uzak ve kopuktur. Örneğin, etkileşimler keyifli olmaktan çok zorunluluk gibidir.

(3) 84. A'nın gösterdiği duygu, B'nin gösterdiği duygu ile uyumsuzdur, örtüşmez (örn. B stresliyken A güler).

Açıklama: A'nın gösterdiği duygu B'nin duygusal durumu ile uyumlu değildir. Bu durum, B'nin duygularının yanlış isimlendirildiğine işaret edebilir. Örneğin B korkar, A güler ve onun utangaç olduğunu söyler.

(3) 85. B ile etkileşimleri tamamlanmadan kesilir.

Açıklama: Etkileşimleri bölük pörçüktür veya kendiliğinden bitmeden gelişigüzel kesilir. B'ye devam ettiği aktiviteyi tamamen keşfetme olanağı tanımaz. Örneğin, B, bir oyuncakla oynamaktan keyif alırken ona yeni bir aktivite sunar.

(2) 86. B tatmin olmadan fiziksel teması keser.

Açıklama: Kurmuş olduğu fiziksel teması, B tamamen sakinleşmeden veya diğer aktivitelere başlamaya hazır olmadan keser.

(2) 87. B'nin arzularına bilfiil karşı çıkar.

Açıklama: B'nin bağımsız biri olduğunu ve kendi isteklerinin olduğunu kabul etmez, B'nin devam eden aktivitelerine bilfiil müdahale eder veya onu başka bir şeye yönlendirir. B'nin ruh halini ve devam eden aktivitelerini göz önünde bulundurmaz.

(1) 88. B ile etkileşimlerinde çatışma hâkimdir.

Açıklama: A ve B'nin öncelikleri birbirinden farklı gibidir, bir şeylerden müşterek keyif almazlar, birbirlerine karşı gizli bir düşmanlık eğilimi gösterir gibidirler.

(9) 89. A'nın müdahaleleri B'yi tatmin eder.

Açıklama: B'nin sakinliğinden ve hoşnutluğundan anlaşılacağı gibi A'nın müdahaleleri yerinde ve etkilidir.

(1) 90. B ile etkileşim sırasında cezalandırıcı veya karşılık vericidir.

Açıklama: B'ye karşı düşmanca davranır ve onu reddeder. Örneğin, onu paylar, eleştirir, görmezden gelir, çekiştirir, ona karşı saldırgandır, vurur veya tokat atar.

EK III
Önerilen Okuma Listesi

De Wolff, M.S. ve M.H. van IJzendoorn. "Sensitivity and attachment: A meta-analysis on parental antecedents of infant attachment." *Child Development, 68(4)* [1997]: 571-591.

Harma, M., A. Öztürk ve N. Sümer. "Erken Dönem Bağlanma Davranışları Sınıflandırma Seti'nin Türkiye Örnekleminde Değerlendirilmesi." *2. Psikoloji Lisansüstü Öğrencileri Kongresi, Kongre Bildiri Metinleri Kitabı,* Ankara Üniversitesi, Ilgaz, 26-29 Haziran 2008.

Pederson, D.R. ve G. Moran. "Appendix B: Maternal behavior Q-set." *Caregiving, cultural, and cognitive perspectives on secure-base behavior and working models: New growing points of attachment theory and research. Monographs of the Society for Research in Child Development, 60,* içinde, der. E. Waters, B. E. Vaughn, G. Posada ve K., Kondo-Ikemura, [1995b]: 247-254.

Pederson D.R., G. Moran, C. Sıtko, K. Campbell, K. Ghesquire ve H. Acton. "Maternal sensitivity and the security of infant-mother attachment: A Q-sort study." *Child Development, 61*[1990]: 1974-1983.

Posada, G. ve A. Jacobs. "Child-mother attachment relationships and culture." *American Psychologist, 56* [2001]: 821- 822.

Salman, S., B. Doğruyol ve N. Sümer. (2008). "Anne Davranışları Sınıflandırma Seti'nin Türkiye Örnekleminde Değerlendirilmesi." *2. Psikoloji Lisansüstü Öğrencileri Kongresi, Kongre Bildiri Metinleri Kitabı,* Ankara Üniversitesi, Ilgaz, 26-29 Haziran 2008.

Selçuk, E., G. Günaydın, N. Sümer, M. Harma, S. Salman, C. Hazan, B. Doğruyol ve A. Özturk. "Self-reported romantic attachment style predicts everyday maternal caregiving behavior at home." *Journal of Research in Personality, 44* [2010]: 544-549.

Solomon, J. ve C. George. "The measurement of attachment security and related constructs in infancy and early childhood." *Handbook of attachment: Theory, research, and clinical applications* içinde, der. J. Cassidy ve P. R. Shaver, 383-416. New York, NY: Guilford Press, 2008.

Sümer, N. "Erken Dönemde Kart Sınıflama Yöntemi ile bağlanma ve anne duyarlığının ölçülmesi." XXIV. Prof. Dr. Mualla Öztürk, Çocuk Ruh Sağlığı Sempozyumu, 28 Şubat-2 Mart 2011, Ankara Üniversitesi Tıp Fakültesi.

_____. "Ana babalık ve bağlanma." *Ana babalık: Kuram ve araştırma* içinde, der. M. Sayıl ve B. Yağmurlu, 169-191. İstanbul: Koç Üniversitesi Yayınları, 2012a.

Sümer, N., E. Selçuk, G. Günaydın, S. Salman ve M. Harma. "Maternal Sensitivity and Child Security in Turkish Culture." *Turkish Families across Europe: Parenting and Child development.* Symposium at 20th Biennial Meeting of the International Society for the Study of Behavioral Development (ISSBD). Würzburg, Almanya, Temmuz 2008.

Van IJzendoorn, M. H., C. M. J. L. Vereijken, M. J. Bakermans-Kranenburg ve J. M. Rikensen-Walraven. "Assessing attachment security with the attachment Q-sort: Meta-analytic evidence for the validity of the observer AQS." *Child Development, 75* [2004]: 1188-1213.

_____. The Attachment Q-set (Version 3.0). *Growing points of attachment theory and research. Monographs of the Society for Research in Child Development, 50* içinde, der. I. Bretherton, ve E. Waters, [1995]; 234-246.

Waters, E. ve Deane, K. "Defining and assessing individual differences in attachment relationships: Q-methodology and the organization of behavior in infancy and early childhood." *Growing points of attachment theory and research. Monographs of the Society for Research in Child Development, 50* içinde, der. I. Bretherton ve E. Waters, [1985]: 41-65.

Dizin

A

Ainsworth, Mary 13, 14, 17, 19, 21, 22, 23, 26, 28, 30, 35, 37, 87, 88, 90, 97, 99, 103, 106, 118, 120, 136, 160, 161

aktivasyonu engelleme 20

Anne Davranışları Sınıflama Seti (ADSS) 8, 11, 28, 42, 43, 44, 54, 147

anne duyarlığı 14, 18, 21, 23, 24, 26, 27, 28, 29, 30, 32, 35, 54, 61, 62, 63, 64, 65, 66

ayrılma kaygısı 15

B

Bağlanma kaygısı 19

bağlanma kuramı 13, 26, 35

bağlanma sistemi 15

başkaları modeli 17, 19

Bebek Davranışları Sınıflama Seti (BDSS) 11, 42, 43, 44, 45, 97

benlik modeli 17, 19

Bowlby, John 13, 14, 15, 16, 17, 19, 21, 28, 88, 117, 118, 123, 126, 130, 135, 136, 144, 145

Ç

Çocuğun Mizacı Ölçeği 41

Çocuk Davranışları Kontrol Listesi 39

D

duyarlık 13, 24, 26, 28, 29, 30, 37, 51, 61, 63, 64, 65, 150

duygu düzenleme 20

E

Evlilik İçi İletişim Şekilleri Ölçeği 40

ev ortamı 14, 32, 43, 69, 71, 72, 98, 117

F

fiziksel temas 26, 30, 55, 58, 59, 72, 98, 99, 115, 116, 142, 151, 161, 164

G

güvenli bağlanma 13, 14, 18, 19, 24, 25, 26, 27, 28, 30, 35, 38, 44, 51, 61, 62, 63, 64, 120

Güvenli Sığınak 123

güvenli üs 16, 21, 27, 29, 97, 98, 99, 100, 101, 102, 103, 104, 105, 106, 107, 108, 109, 112,

113, 114, 115, 116, 117, 118,
119, 120, 121, 122, 124, 125,
126, 127, 128, 129, 130, 131,
132, 133, 134, 135, 137, 138,
139, 140, 141, 142, 143, 144,
145, 146

güvensiz bağlanma 18, 24

I

işbirliğine karşı müdahale 22

K

kabule karşı reddetme 22
kaçınan bağlanma 18, 24, 30
kaçınma 16, 19, 20, 40, 145
kaygılı bağlanma 21, 24, 29
kaygılı/dirençli bağlanma 100
Kaygılı/kararsız bağlanma 18
keşif 15, 18, 22, 29, 58, 101, 106,
111, 129, 135, 140, 141, 145,
154, 160, 161, 164, 165
kültür 28, 31

M

METU Q-Soft 38
mizaç 24, 25, 33, 60, 62, 102, 104,

108, 110, 113, 118, 123, 124,
128, 130, 131, 132, 135, 144

S

Sosyal istenirlik 71

T

Türkiye 11, 12, 23, 28, 30, 35, 63,
64, 65, 66, 67, 93, 167

U

ulaşılabilirliğe karşı ihmalkârlık 22

Y

yabancı kaygısı 24
yabancı ortam yöntemi 14, 17, 28, 31
yakın bakım sistemi 16
yakınlık 16, 18, 20, 21, 58, 59, 99,
115, 116, 135, 145, 154, 156,
158, 161
YOY 17, 24, 26, 28, 31, 35, 38
yüksek aktivasyon 20, 21

Z

zihinsel modeller 17